高等职业教育系列教材

现场管理与精益生产

张平亮　严志华　编著

机械工业出版社

本书针对生产现场管理人员在生产现场所面临的实际问题，介绍了现场管理和精益生产的基本管理理论、管理方法和管理工具，以及国内外一些公司先进现场管理的具体做法和成功经验。全书共 10 章，内容包括现场管理、定置管理和目视管理、现场 6S 管理、工业工程（IE）方法、精益生产、标准作业、流线化生产、均衡化生产、自动化与防错法、拉动式生产与看板管理。每章末均附有思考与练习题，其中有五章后面附有技能实训与实践项目，便于学生加强理解及进行练习。

本书可作为应用型本科院校、职业院校、技师学院、技工学校等工商管理类专业、工科类专业学生的基础课教材，也可作为工程类专业人员进行管理培训的教材或参考书。

本书配有电子课件，需要的教师可登录 www.cmpedu.com 进行免费注册，审核通过后可下载，或联系编辑索取（QQ：1239258369，电话：010-88379739）。

图书在版编目（CIP）数据

现场管理与精益生产 / 张平亮，严志华编著 . —北京：机械工业出版社，2019.7（2025.1 重印）
高等职业教育系列教材
ISBN 978-7-111-62981-8

Ⅰ. ①现… Ⅱ. ①张… ②严… Ⅲ. ①企业管理-生产管理-高等职业教育-教材 Ⅳ. ①F273

中国版本图书馆 CIP 数据核字（2019）第 115550 号

机械工业出版社（北京市百万庄大街 22 号　邮政编码 100037）
策划编辑：李文轶　　　责任编辑：李文轶
责任校对：张艳霞　　　责任印制：郜　敏

北京富资园科技发展有限公司印刷

2025 年 1 月第 1 版第 10 次印刷
184mm×260mm・11 印张・268 千字
标准书号：ISBN 978-7-111-62981-8
定价：35.00 元

电话服务　　　　　　　　　　　　网络服务
客服电话：010-88361066　　　　　机 工 官 网：www.cmpbook.com
　　　　　010-88379833　　　　　机 工 官 博：weibo.com/cmp1952
　　　　　010-68326294　　　　　金 书 网：www.golden-book.com
封底无防伪标均为盗版　　　　　　机工教育服务网：www.cmpedu.com

前　　言

　　党的二十大报告提出，要加快建设制造强国。智能制造是基于新一代信息通信技术与先进制造技术深度融合，贯穿于设计、生产、管理、服务等制造活动的各个环节，具有自感知、自学习、自决策、自执行、自适应等功能的新型生产方式。现场管理和精益生产是智能制造的基础。在利润空间减少、短交期、高品质、低成本的激烈市场竞争压力下，如何使企业能够灵活应对外部复杂经营环境的挑战是摆在我国制造型企业经营者面前的重要课题。现场管理是制造型企业生存和发展的重要基础。毫不夸张地说，如果制造型企业不抓现场管理将必死无疑。加强现场管理，需要掌握正确的管理思路、有效的管理方法和科学的管理工具，这样才能追本溯源，从根本上解决问题。日本丰田精益生产的成功经验带给我们一种成功的管理理念——精益生产，它以客户需求为起点，消除一切不能为客户增值的程序，消除浪费，以实现降低成本、提高产品质量和缩短交货期的目的。它已经成为应对当今金融危机、生产力过剩和全球市场竞争困境的法宝。精益生产管理模式无疑成为我国企业赢得良好经营效益和持续发展的良方。

　　为了适应我国高等职业教育发展及满足高级应用型技术人才培养的需要，作者根据自己在外资企业十多年的中高层管理实践经验以及对无锡国家级高新技术产业开发区几十家企业的反复调研，结合多年的理论与实践教学经验，编写了本书。本书选择现场管理与精益生产中最重要的、直接影响产量、质量、成本、安全的现场管理、定置管理和目视管理、现场6S管理、工业工程（IE）方法、精益生产、标准作业、流线化生产、均衡化生产、自动化与防错法、拉动式生产与看板管理作为教学内容，这些内容有很强的实用性和针对性；将理论与实践融合，以培养学生掌握现场管理与精益生产的实用技能为主线，贯穿相关的知识点，尽量覆盖生产现场管理人员所面临的实际问题，同时介绍相关的基本管理方法和管理工具。书中还提供了一些公司的具体做法和成功实践案例。

　　本书具有下列特色：

　　1）针对职业教育的特点，系统全面、深入浅出地介绍了现场管理与精益生产方面的有关管理理论、管理方法、改善工具和实践中的做法，从框架设计到内容分析，既吸取了国内外的研究成果又立足创新，既吸取了现场管理与精益生产的理论和方法，又立足生产现场管理的实际应用，使学生可以利用现场管理与精益生产方法解决生产现场的实际问题。

　　2）以当代世界先进企业实际生产现场的管理与精益生产为基础，为工作内容提供了记录、量化、分析和改善的针对性表单，方便生产现场管理人员使用，有利于节省工作时间及提高工作效率，成为实施工作记录、分析、追踪和持续改善的重要帮手。利用图形和案例式解说，帮助学生掌握专业的现场管理与精益生产工具与方法；提供五个技能实训与实践项目，以便教师使用，锻炼与提高学生实际解决问题的能力。

　　3）充分运用数字、照片、图示和表格来描述具体的现实案例，以案例带出管理方法和改善工具，并解释一些难点及方法的应用。每章末均设有思考与练习题，既可供教师根据实际情况选用，又可对学生课程考试和职业资格考核有所帮助。

本书可作为应用型本科院校、职业院校、技师学院、技工学校等工商管理类专业、工科类专业学生的基础课教材，教师可根据自己专业的需要，选择其中章节进行教学与实践。本书也可作为工程类专业人员进行管理培训的教材或参考书，同时对于企业开展继续教育，也是一本颇有价值的参考培训教材。

本书是机械工业出版社组织出版的"高等职业教育系列教材"之一，第1、6、7、10章由张平亮编写，第2、3、4、5、8、9章由严志华（江苏联合职业技术学院无锡汽车工程分院）编写。

本书在编写过程中，参考和引用了国内外专家的一些研究成果和文献资料、书籍，由于篇幅有限，仅列出了其中的一部分，在此谨向国内外的有关著作者表示深切的谢意。

限于编者的水平和经验，书中难免存在欠妥和错误之处，恳请读者批评指正。

编　者

目　　录

前言
第1章　现场管理 ··· 1
1.1　现场管理概述 ··· 1
1.1.1　现场管理的定义 ··· 1
1.1.2　现场管理的四个方面内容 ·· 1
1.2　现场管理的方法 ·· 2
1.2.1　现场管理的三大基础工具 ·· 2
1.2.2　现场管理与精益生产 ·· 3
本章小结 ·· 3
思考与练习题 ··· 4
第2章　定置管理和目视管理 ··· 6
2.1　定置管理 ·· 6
2.1.1　定置管理概述 ·· 6
2.1.2　定置管理的基本原理 ·· 6
2.1.3　定置管理图的设计 ··· 7
2.1.4　定置管理的实施 ·· 8
2.2　目视管理 ·· 9
2.2.1　目视管理的定义和基本要求 ··· 9
2.2.2　目视管理的内容 ··· 10
2.2.3　目视管理的三大原则 ··· 10
2.2.4　现场目视管理常用工具 ·· 11
2.2.5　目视管理的实施手段 ··· 12
2.2.6　目视管理评价标准 ·· 13
本章小结 ··· 15
思考与练习题 ··· 15
第3章　现场6S管理 ·· 17
3.1　6S概述 ·· 17
3.1.1　6S的起源 ··· 17
3.1.2　6S的效果与作用 ·· 17
3.2　6S的推进重点 ·· 18
3.2.1　整理的推进重点 ··· 18
3.2.2　整顿的推进重点 ··· 21
3.2.3　清扫的推进重点 ··· 25
3.2.4　清洁的推进重点 ··· 29

3.2.5　素养的推进重点 ·· 30
　　3.2.6　安全的推进重点 ·· 32
本章小结 ··· 45
技能实训与实践项目 ·· 46
思考与练习题 ··· 46

第4章　工业工程（IE）方法 ·· 49
4.1　工业工程（IE）概述 ·· 49
　　4.1.1　IE的概念 ·· 49
　　4.1.2　IE的特点和方法 ··· 49
4.2　程序分析 ·· 50
　　4.2.1　概述 ·· 50
　　4.2.2　程序分析的分类和特点 ·· 51
4.3　动作分析 ·· 53
　　4.3.1　动作分析的目的 ··· 53
　　4.3.2　动作分析的类别和步骤 ·· 54
　　4.3.3　动作经济分析 ··· 57
4.4　IE的作业测定 ··· 60
　　4.4.1　工时消耗 ··· 60
　　4.4.2　标准时间和工时定额 ·· 62
本章小结 ··· 63
技能实训与实践项目 ·· 64
思考与练习题 ··· 64

第5章　精益生产 ··· 66
5.1　精益生产的形成与发展 ·· 66
　　5.1.1　精益生产的由来 ··· 66
　　5.1.2　精益生产的发展 ··· 69
5.2　精益生产的理念 ··· 70
5.3　精益生产系统 ··· 71
　　5.3.1　精益生产系统的目标 ·· 72
　　5.3.2　七大浪费现状、节约措施及其实施方法 ···································· 73
本章小结 ··· 75
思考与练习题 ··· 76

第6章　标准作业 ··· 78
6.1　标准作业概述 ··· 78
　　6.1.1　标准作业的定义 ··· 78
　　6.1.2　标准作业的目的 ··· 78
　　6.1.3　标准作业的好处 ··· 79
6.2　标准作业的种类 ··· 79
6.3　标准作业的前提和三要素 ·· 80

  6.3.1 标准作业的前提 ········· 80
  6.3.2 标准作业的三要素 ········· 80
 6.4 标准作业文件的编制 ········· 83
  6.4.1 作业标准书概述 ········· 83
  6.4.2 标准作业的制定步骤 ········· 83
 本章小结 ········· 85
 技能实训与实践项目 ········· 86
 思考与练习题 ········· 86

第7章 流线化生产 ········· 88

 7.1 "一个流"单元生产 ········· 88
  7.1.1 "一个流"单元生产方式的历史与定义 ········· 88
  7.1.2 实施"一个流"生产的优点 ········· 89
 7.2 批量生产与"一个流"生产比较 ········· 90
 7.3 设备布置设计与合理化 ········· 92
  7.3.1 缩短等待时间与同步化生产 ········· 92
  7.3.2 传统的设备布置方式及其缺陷 ········· 93
  7.3.3 U形生产线布置 ········· 93
 7.4 "一个流"生产 ········· 96
  7.4.1 "一个流"生产的八大要点 ········· 96
  7.4.2 "一个流"生产的推行步骤 ········· 97
 本章小结 ········· 99
 思考与练习题 ········· 100

第8章 均衡化生产 ········· 102

 8.1 均衡化生产概述 ········· 102
  8.1.1 不均衡生产和均衡化生产比较 ········· 103
  8.1.2 均衡化生产的定义及其优越性 ········· 104
 8.2 均衡化生产管理 ········· 106
 8.3 均衡化生产渐进实现方法 ········· 108
 8.4 线平衡分析及瓶颈改善 ········· 114
  8.4.1 线平衡分析 ········· 115
  8.4.2 线平衡改善 ········· 117
  8.4.3 瓶颈改善 ········· 118
 8.5 快速换线换模 ········· 122
  8.5.1 实施SMED的好处 ········· 122
  8.5.2 切换分类和内容 ········· 122
  8.5.3 快速换线换模的实施步骤和方法 ········· 124
 本章小结 ········· 128
 技能实训与实践项目 ········· 128
 思考与练习题 ········· 129

第9章 自动化与防错法 … 132
9.1 自动化 … 132
9.1.1 自动化概述 … 132
9.1.2 自动化的推进步骤和方法 … 133
9.1.3 异常情况的自动化 … 137
9.2 防错法 … 142
9.2.1 防错法的作用和应用要点 … 142
9.2.2 防错装置与防错方法 … 144
本章小结 … 148
技能实训与实践项目 … 148
思考与练习题 … 149

第10章 拉动式生产与看板管理 … 151
10.1 拉动式生产 … 151
10.1.1 超级市场与准时化生产 … 151
10.1.2 推动式生产与拉动式生产的比较 … 151
10.2 看板管理 … 153
10.2.1 看板的概念与类型 … 153
10.2.2 看板的使用方法 … 155
10.2.3 实施拉动看板的步骤 … 159
本章小结 … 166
思考与练习题 … 166

参考文献 … 168

第 1 章 现 场 管 理

学习目标：

- 了解现场管理的概念。
- 理解现场管理的四个方面内容。
- 了解现场管理的三大基础工具。
- 理解现代社会化大生产给企业现场管理提出的要求。
- 掌握精益生产方式的要求，以及现场管理的六大目标。

1.1 现场管理概述

1.1.1 现场管理的定义

现场是直接从事生产、经营、工作、试验的作业场所。企业现场是指企业进行生产经营作业活动的特定场所，包括生产现场、经营现场、办公现场、生活现场等。生产现场是指从事产品生产、制造或提供服务的场所，也就是劳动者运用生产信息、劳动手段和生产方法，作业于劳动对象，完成一定生产作业任务的场所。

现场管理就是运用科学的管理制度、标准、方法和手段，对现场的各种生产要素，即劳动者、劳动手段、劳动对象、生产方法、生产环境、生产信息等，简称"人、机、料、法、环、信"，进行合理、有效的计划、组织、协调、控制，使它们处于良好的结合状态，以达到优质、低耗、高效、均衡、安全、文明生产的目的。这就要求企业的执行层每时每刻都要按照企业的经营决策和计划来运行，即从原材料投入前的准备到产品产出的全过程对人员、设备、材料、工艺规程、场所、信息等组成的生产系统进行操作和控制，这样可以使人与物、技术与管理之间有机结合，以最低的成本生产出具有特定质量水平的产品。

1.1.2 现场管理的四个方面内容

一般企业生产现场管理包括基本生产现场管理和辅助生产现场管理，这里以生产现场为主要内容包含以下四个方面。

1）现场管理是运用管理制度、标准、方法和手段来管理。这里的管理制度是指现场的设备、工具、在制品、产成品等的管理制度，交接班制度，设备维修制度，现场质量事故的处理制度。管理标准包括现场岗位管理标准、设备管理标准、操作管理标准、工艺管理标准等。管理方法包括现场的定置管理法、模特法、6S 管理法、规范化管理法等。管理手段是指管理者采用计算机信息管理系统、文件图样、信息流传递等手段，提高现场管理效能。

2) 现场管理的对象是各种生产要素,包括现场的人员、机器设备、工具、原材料、在制品、燃料动力、场地环境、信息等。

3) 现场管理的职能是计划、组织、协调、控制和激励。这与企业管理的职能是一致的。但是,这里的计划主要是现场生产作业计划;组织主要是现场合理组织作业班组等;协调主要是班组之间、操作者之间生产进度的相互协调;控制主要是通过信息流反馈对生产过程进行控制。

4) 现场管理的目的是优质、低耗、高效、均衡、安全、文明地生产。

1.2 现场管理的方法

1.2.1 现场管理的三大基础工具

生产现场管理是企业管理的一个重要组成部分,是企业综合管理、专业管理、基础管理的基础,它必须按照企业的生产经营目标以及具体化到车间的目标,对生产现场的一切作业活动,进行计划、组织、指挥、控制、监督与调整,这时需要使用管理工具对现场进行管理,现场管理的三大基础工具为作业标准化、目视管理、看板管理。所谓作业标准化,就是将企业里各种各样的规范,如规程、规定、规则、标准、要领等,形成文字化的东西,统称为标准(或称标准书)。目视管理就是通过视觉导致人的意识变化的一种管理方法。看板管理是一流现场管理的重要组成部分,是给客户信心及在企业内部营造竞争氛围,形成无形压力的氛围的非常重要的手段。现场管理的三大基础工具的作用及其目的如图 1-1 所示。具体内容在以后各章介绍。

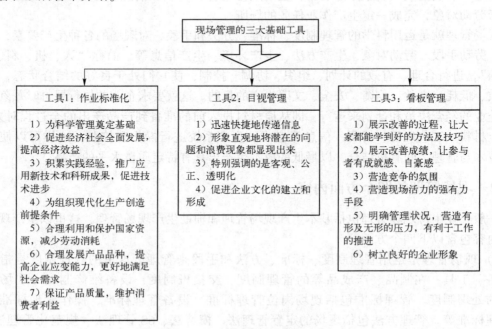

图 1-1 现场管理的三大基础工具

1.2.2 现场管理与精益生产

精益生产方式起源于日本丰田生产方式。它是继美国福特汽车公司提出大量生产方式后，对人类社会和企业生产产生重大影响的又一种生产方式。精益生产就是准时生产、全面质量管理、并行工程、充分协作的团队工作方式和集成的供应链关系管理，并逐步创立了独特的多品种、小批量、高质量和低消耗的精益生产方法。

随着现代社会化大生产的不断发展，给企业现场管理提出了更高、更新的要求。按精益生产方式的要求，生产现场管理必须合理地组织现场的各种生产要素，做到人流、物流运转有序，信息流及时准确，使生产现场始终处于正常、有序、可控的状态。具体地讲，按照精益生产方式的要求，实现现场管理的六大目标（见图1-2）：生产上精心组织，管理上精雕细刻，工艺上精益求精，精神上精诚团结，操作上精耕细作，成本上精打细算。

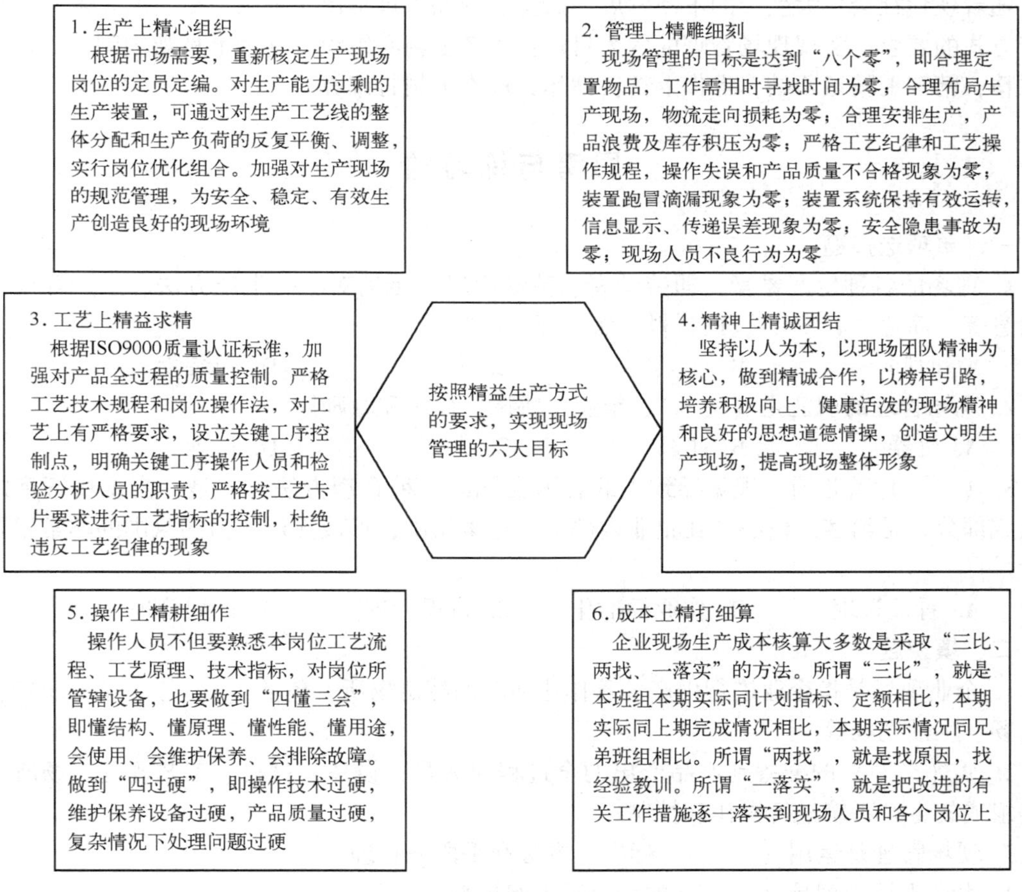

1. 生产上精心组织
   根据市场需要，重新核定生产现场岗位的定员定编。对生产能力过剩的生产装置，可通过对生产工艺线的整体分配和生产负荷的反复平衡、调整，实行岗位优化组合。加强对生产现场的规范管理，为安全、稳定、有效生产创造良好的现场环境

2. 管理上精雕细刻
   现场管理的目标是达到"八个零"，即合理定置物料，工作需用时寻找时间为零；合理布局生产现场，物流走向损耗为零；合理安排生产，产品浪费及库存积压为零；严格工艺纪律和工艺操作规程，操作失误和产品质量不合格现象为零；装置跑冒滴漏现象为零；装置系统保持有效运转，信息显示、传递误差现象为零；安全隐患事故为零；现场人员不良行为为零

3. 工艺上精益求精
   根据ISO9000质量认证标准，加强对产品全过程的质量控制。严格工艺技术规程和岗位操作法，对工艺上有严格要求，设立关键工序控制点，明确关键工序操作人员和检验分析人员的职责，严格按工艺卡片要求进行工艺指标的控制，杜绝违反工艺纪律的现象

4. 精神上精诚团结
   坚持以人为本，以现场团队精神为核心，做到精诚合作，以榜样引路，培养积极向上、健康活泼的现场精神和良好的思想道德情操，创造文明生产现场，提高现场整体形象

5. 操作上精耕细作
   操作人员不但要熟悉本岗位工艺流程、工艺原理、技术指标，对岗位所管辖设备，也要做到"四懂三会"，即懂结构、懂原理、懂性能、懂用途、会使用、会维护保养、会排除故障。做到"四过硬"，即操作技术过硬，维护保养设备过硬，产品质量过硬，复杂情况下处理问题过硬

6. 成本上精打细算
   企业现场生产成本核算大多数是采取"三比、两找、一落实"的方法。所谓"三比"，就是本班组本期实际同计划指标、定额相比，本期实际同上期完成情况相比，本期实际情况同兄弟班组相比。所谓"两找"，就是找原因，找经验教训。所谓"一落实"，就是把改进的有关工作措施逐一落实到现场人员和各个岗位上

中心：按照精益生产方式的要求，实现现场管理的六大目标

图1-2 现场管理的六大目标

本 章 小 结

企业的生产现场就是各种生产要素有机结合的活动场所，现场管理就是运用科学管理方

法、手段，对现场的各种生产要素进行计划、组织、指挥、协调和控制，以达到优质、安全、文明生产的目的。现场管理的任务就是要制定切实可行的现场管理标准、考核的方法与指标，推行行之有效的现场管理方法和手段，以提高现场管理的水平。

现场管理的四个方面内容：①现场管理是运用管理制度、标准、方法和手段来管理；②现场管理的对象是各种生产要素，包括现场的人员、机器设备、工具、原材料、在制品、燃料动力、场地环境、信息等；③现场管理的职能是计划、组织、协调、控制和激励；④现场管理的目的是优质、低耗、高效、均衡、安全、文明地生产。

生产现场管理是企业管理的一个重要组成部分，是企业综合管理、专业管理、基础管理的基础，对生产现场的一切作业活动，进行计划、组织、指挥、控制、监督与调整，这时需要使用管理工具对现场进行管理，现场管理的三大基础工具为作业标准化、目视管理、看板管理。

随着现代社会化大生产的不断发展，给企业现场管理提出了更高、更新的要求。按精益生产方式的要求，实现现场管理的六大目标：生产上精心组织，管理上精雕细刻，工艺上精益求精，精神上精诚团结，操作上精耕细作，成本上精打细算。

思考与练习题

一、单项选择题

1. 现场的各种生产要素，即劳动者、劳动手段、劳动对象、生产方法、生产环境、生产信息等，简称"（　）、机、料、法、环、信"。
 A. 时间　　　　　B. 工具　　　　　C. 人　　　　　D. 包装物
2. 现场管理的职能是（　）、组织、协调、控制和激励。
 A. 机器　　　　　B. 工具　　　　　C. 人　　　　　D. 计划
3. （　）就是通过视觉导致人的意识变化的一种管理方法。它是一流现场管理的重要组成部分，是给客户信心及在企业内部营造竞争氛围，形成无形压力的氛围的非常重要的手段。
 A. 看板管理　　　B. 作业标准化　　C. 目视管理　　D. 计划管理

二、填空题

1. 企业现场是指企业进行生产经营作业活动的特定场所，包括（　）、经营现场、办公现场、生活现场等。
2. 从（　）的准备到产品产出的全过程对人员、设备、材料、工艺规程、场所、信息等组成的生产系统进行操作和控制。
3. 现场管理是运用（　）、标准、方法和手段来管理。
4. 生产现场管理是（　）的一个重要组成部分。
5. （　）就是将企业里各种各样的规范，如规程、规定、规则、标准、要领等，形成文字化的东西。
6. （　）能够展示改善的过程，让大家都能学到好的方法及技巧。

三、判断题（正确的打"√"，错误的打"×"）

1. 生产现场是劳动者运用生产信息、劳动手段和生产方法，作用于劳动对象，完成一

定生产作业任务的场所。   (   )
2. 现场管理的目的是优质、低耗、高效、均衡、安全、文明地生产。 (   )
3. 目视管理就是将企业里各种各样的规范，如规程、规定、规则、标准、要领等，形成文字化的东西。   (   )
4. 目视管理特别强调的是客观、公正、透明化。   (   )
5. 随着现代社会化大生产的不断发展，给企业现场管理提出了更高、更新的要求。
                                                         (   )
6. 做到"四懂三会"，即懂结构、懂原理、懂性能、懂用途、会使用、会维护保养、会排除故障。   (   )
7. 所谓"一落实"，就是找原因，找经验教训。   (   )

四、简答题
1. 什么是现场？什么是生产现场？什么是生产现场管理？
2. 如何理解"现场"在管理结构中的位置？
3. 现场管理的任务、考核指标有哪些？
4. 请说明现场管理的三大基础工具的作用。
5. 按照精益生产方式的要求，如何实现现场管理的六大目标？

第 2 章 定置管理和目视管理

学习目标：
- 了解定置管理的概念与作用。
- 理解定置管理图的设计。
- 掌握定置管理的一般措施。
- 理解目视管理的内容。
- 掌握目视管理的常用工具。
- 掌握目视管理的实施手段。

2.1 定置管理

2.1.1 定置管理概述

定置管理是现场管理的一种常见、有效的方法，是以生产现场物品的定置来实现设计、组织实施、调整、协调与控制的全部过程的管理。它的核心是以生产现场为研究对象，研究生产要素中人、物、场所的状况以及三者在生产活动中的相互关系，力求消除工作中不合理的因素和浪费现象。定置管理旨在进行科学的整理、整顿，把生产中不需要的物品清理掉，把需要的物品放在规定位置上，使其随手可得；在生产过程中通过健全物流信息管理系统和合理的生产工艺流程，充实完善必要、实用的工位器具与运送装置，使物流系统处于受控状态，实现人、物、场所等在时间和空间上的优化组合，从而实现文明操作、高效运行，提高劳动效率，达到安全生产、文明生产的目的。定置管理有利于建立数据指标，实现有效考核，使现场管理实现经常化、规范化与制度化，从而推进企业现场综合治理工作。

2.1.2 定置管理的基本原理

在生产活动中，构成生产工序的要素有材料、半成品、机械设备、工夹模具、操作人员、工艺方法、生产环境等，归纳起来就是人、物、场所、信息等。其中最基本的是人与物的要素。只有人与物的合理结合，才能使生产有效地进行。人与物的结合可归纳为四种基本状态，见表 2-1。

表 2-1 人与物结合的四种基本状态

人与物的结合的状态	含　义	举　例
A 状态	人与物处于能够立即结合并发挥效能的状态	操作工人使用的各种工具，由于摆放地点合理而且固定，当操作者需要时能立即拿到

(续)

人与物的结合的状态	含 义	举 例
B 状态	人与物处于寻找状态或尚不能很好发挥效能的状态	一个操作者想加工一个零件,需使用某种工具,但由于现场杂乱,或忘记了该工具放在何处,结果因寻找而浪费了时间
C 状态	人与物处于关系松散状态,已不需要结合的状态	本加工工序已完成,需要转入下工序再加工或转入检验工序的物品
D 状态	人与物失去联系的状态	生产现场中存在的已经报废的设备、工具、模具,生产中产生的垃圾、废品、切屑,以及与生产现场无关的工人生活用品等

定置管理就是根据生产活动的目的和要求,通过相应的设计和控制、整理、整顿,改进 B 状态,使之达到 A 状态,减少 C 状态,消除 D 状态,把有价值的物品移到需要的地方,把不需要的、无价值的物品从现场清除掉。

在定置管理中,各种信息媒介物是很重要的,实行定置管理,必须重视和健全各种信息媒介物。良好的定置管理,要求信息媒介物达到五个方面的要求:生产现场标志清楚;生产现场设有定置图;位置台账齐全;存放物的序号、编号齐备;信息标准化(物品流动时间标准、数量标准、摆放标准等)。

2.1.3 定置管理图的设计

定置管理图是将生产现场的定置管理用标准化的形式反映出来的一种方法。运用形象的图示描述生产现场人、物、场所和信息等的关系。物品放置区域,用各种符号代替设备、零件、工位器具、工具箱等定置物品。

1. 设计定置管理图的要点

1)对生产现场、工序、工位、机台等进行定置诊断,根据人机工程学确定是否符合人的心理、生理需要与满足产品质量的需要,做到最大的灵活性和协调性,最大限度的操作方便和最少的多余动作,以及切实的安全和防护保障,充分利用空间与时间,做到单一的流向和看得见的搬运路线;最短的运输距离和最少的装卸次数;最少的改进费用和统一的标准。

2)定置图的设计应按统一标准。如全厂范围内的定置图用 A0 图纸幅;各车间、各仓库必须绘制定置管理图,用 A2 图纸,可镶在镜框内悬置明显处,亦可制成版面置于车间、仓库明显处;班组定置图用 A3 图纸;机台、工位、工具箱内的定置管理应按上放轻、下放重,中间放常用的工具的要求,用 A4 图纸绘制定置图,贴于门内侧,做到所有物品摆放整齐,与图、标记相符,图纸尺寸全厂要统一。

3)设计定置图时应尽量按生产组织划分定置区域。如一个分厂有四个较大的生产工段,即可在定置图上标出四个相应的定置区域。

4)设计定置图首先以设备作为整个定置图的参照物,然后依次画出加工件定置图、半成品待检区、半成品合格区、产成品待检区、产成品合格区、废品区、返修品区、待处理区等。

2. 定置管理图的图形符号

定置管理图上的物品一律用符号代替。符号的命令是该物品名称汉语拼音首字母的组合。

根据图形标准规定，一般确定若干有关信息符号，如图2-1所示。

符号	符号名称	符号	符号名称
G	工具箱	D	凳
LJ	垃圾箱	J	检验台
B	办公桌	LJQ	器具存放器
GW	工位器具	SC	水池
C	铲车	K	空调
Q	钳工台	STC	手推车
F	废物桶	Z	蒸馏水桶
DX	电箱	RH	润滑槽
Y	油桶	A类	物紧密联系（红色）
XC	吸尘器	B类	物周期联系（黄色）
GLD	管理点	C类	物待联系（蓝色）
DS	电扇	D类	物失去联系（黑色）
TJ	踏脚板		

图2-1 符号与符号名称对照图

3. 定置管理图的标注内容

车间定置管理图与工具箱内的定置管理图应标注的内容如下：

1）按工艺流程设计的工段（班组）工作地（机床、工位）的平面布置区域。

2）有适应物流过程需要的原材料、半成品、在制品、工位器具、运输机械等物品停放区域。

3）生产作业场地、区域、机台（工位）之间的明显运输通道。

4）消防、安全保护设施定置状态。

5）各类残料、垃圾回收箱定点布置场地。

6）必须定置物品的大致数、生产区域和作业场所职工生活必需用品等的规定。

7）移动物品，如手推车、衡器、可移动容器的静止停放位置。

2.1.4 定置管理的实施

定置管理的实施，即按照定置的设计具体内容进行定置管理。对生产现场的材料、机械、操作者、方法进行科学的整理、整顿，将所有的物品定位，按图定置，使人、物、场所的结合状态达到最佳。

定置管理的实施步骤：

1）方法研究。对生产现场现有加工方法、机器设备情况、工艺流程等全过程进行详细分析研究，以确定合理的工艺路线与搬运路线，使定置管理达到科学化。

2）人与物的结合状态。人与物处于能够立即结合并发挥效能的A状态。

3）分析物流、信息流。不断掌控产品的变化规律和信息的连续性，并对不符合标准的物流、信息流进行改正。

4）设计定置图。

5）定置实施。按照设计的要求，对生产现场的材料、机械、操作者进行科学的整理和整顿。将所有的物品定位，要做到有物必有区、有区必有牌、按区存放、按图定置、图物相符。

6）定置的考核。它是定置管理的最后一个阶段。必须坚持定期检查和考核定置工作，发现存在的问题，不断完善定置管理，巩固已取得的成果。考核的基本指标就是定置率，它的计算公式为

$$定置率(\%) = \frac{实际定置的物品个数(件数)}{应该定置的物品个数(件数)} \times 100\%$$

【例 2-1】 定置率的计算

如图 2-2 所示，A、B 定置区中应存放 6 箱 A、B 物品；C 定置区应放 4 箱 C 物品。但实际上 A 区旁边乱摆 B、C 物品各一箱；B 区内误摆 A 物品 1 箱；C 区内还少放了 1 箱 C 物品。试求：计算物品的定置率。

解：定置率 $= \frac{13 \text{ 箱}}{16 \text{ 箱}} \times 100\% = 81.25\%$

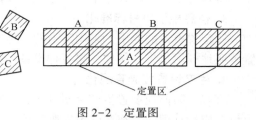

图 2-2　定置图

2.2　目视管理

2.2.1　目视管理的定义和基本要求

目视管理就是通过视觉来感知事物的一种管理方法。在日常活动中，人们是通过"五感"（视觉、嗅觉、听觉、触觉、味觉）来感知事物的。其中，最常用的是"视觉"。因为人的行动的 60% 是从"视觉"的感知开始的，所以在企业管理中，使用目视管理能够让员工容易明白、易于遵守，自主性地接受、执行各项工作，这将会给管理带来极大的好处。例如，包装箱的箭头管理，有零件的包装箱表面箭头朝上（↑），无零件的箱倒置箭头朝下（↓）；排气扇上绑一根小布条，看见布条飘起即可知道运行状况（见图 2-3）。

企业使用目视管理，能使企业全体人员减少差错、轻松地进行各项管理工作，是现场管理的一种有效方法。目视管理的基本要求主要有以下几点：

1）统一。目视管理要实行标准化，消除五花八门的杂乱现象。

2）简约。各种视觉显示信号应易懂，一目了然。

3）鲜明。各种视觉显示信号要清晰，位置适宜，现场人员都能看得见、看得清。

4）实用。不摆花架子，少花钱、多办事，讲究实效。

5）严格。现场所有人员都必须严格遵守和执行有关规定，有错必纠，赏罚分明。

图 2-3　目视管理之小布条示例

2.2.2 目视管理的内容

目视管理是管理上最为简单而又非常有效的一种方法。在生产的现场管理中实施目视管理，往往达到事半功倍的效果，如通道线、部门标识牌、生产线看板等。现场管理中目视管理的主要内容如下。

1. 生产计划及其完成情况图表化

计划指标通过层层分解落实到分厂、车间、班组、个人，列表公布，同时定期以图或表的方式公布完成情况，使职工了解生产进程、存在的问题和趋势。

2. 工作标准和规章制度公开化

将各种工作标准公布于众，让职工掌握各种规章制度以便贯彻执行。

3. 信息显示符号标准化

按定置设计的要求，采用清晰的、标准化的显示符号，将各种区域、通道、物品摆放位置鲜明地标示出来。例如，将各种设备、器具采用标准颜色涂染等。

4. 生产设置控制直观化

直观、简便地设置生产控制符号，如在设备和流水线上安装事故显示灯，在质量管理点上设置质量管理图，在车间设立废品展示台，在组织生产上应用看板管理等。

5. 物品放置标准化

物品放置和运送标准化后，可过目知数，以便实行定额装车、装箱等。

6. 统一着装，实行挂牌

统一而又有区别的着装，可显示企业内部不同单位、工种、职务间的区别，使人产生归属感、荣誉感和责任感。实行挂牌制度，即通过单位挂牌和个人佩戴标志，如胸章、胸标、臂章等，给人以压力和动力，达到催人进取、提高效率的目的。

7. 现场色彩标准化

现场各种色彩标准化管理，通常要考虑三个因素：

（1）技术因素　例如，强光照射的设备涂成蓝灰色，因为蓝灰色反射系数小，可减少对眼睛的刺激；危险信号多用红色，因为红色穿透力强，颜色鲜明。

（2）生理、心理因素　不同色彩给人以不同的重量、空间、冷暖、软硬、清污等感觉效果。例如，高温车间涂浅蓝、蓝绿、白等冷色，使人感觉清爽；低温车间涂红、橙、黄等暖色，使人感觉温暖。

（3）社会因素　不同的民族、国家和地区对颜色爱好不同，如中国普遍喜欢绿色，而日本则视绿色为不吉祥。

2.2.3 目视管理的三大原则

目视管理要符合以下三个要点：①无论是谁都能判明是好是坏（异常）；②能迅速判断、精度高；③判断结果不会因人而异。

目视管理的第一个原则——要使问题曝光。现场一旦有事故苗头，就能让人立即发现，生产线能立即停止生产。当生产线停止时，每一个人都能意识到发生了问题，通过追究原因，以确保此生产线不会再因相同的原因停止，这是现场目视管理最好的例子之一。

目视管理的第二个原则——要使作业人员及督导人员能当场直接地接触到现场的事实。

目视管理是一种很可行的方法，可以判定每件事是否处于受控状态，在发生异常时能马上发送警告的信息。当目视管理发挥功能时，现场每个人就能做好流程管理及现场改善，实现"自主管理"的目的，从而实现管理的目标。

目视管理的第三个原则——要使改善的目标清晰化。改善的终极目标，就是要实现最高管理部门的方针。最高管理部门的职责之一，就是设定公司的长期和中期方针以及年度方针，并且要通过目视化陈列让员工知道。通常这些方针都是用文字或图表等绘制成展板陈列在工厂的大门口处、餐厅以及现场，让这些方针逐层地向下一个管理阶层贯彻，最后可使作业人员发掘许多的改善机会，增强他们自己的工作绩效。

2.2.4 现场目视管理常用工具

生产现场目视管理常用的工具有红牌、看板、信号灯、操作流程图、错误防止板、错误示范板、生产管理板、警示线、区域线等。具体作用及图例见表2-2。

表2-2 目视管理常用工具一览表

序号	工具	图示	作用
1	红牌		红牌适用于5S管理中的整理，用来区分日常生产活动中的非必需品，又称为红牌作战
2	看板		用于5S管理的看板作战中，让人知道什么物品，做什么，数量多少，谁负责等
3	信号灯	异常信号灯	用于产品质量不合格及作业异常等异常发生场合，通常安装在大型工厂的较长的生产、装配流水线中。一般设置红或黄这两种信号灯，由员工来控制，当发生零部件用完，出现不合格产品及机器故障等异常时，往往影响到生产指标的完成，这时由员工马上按下红灯（或黄灯）的按钮，等红灯（或黄灯）一亮，厂长（或生产管理人员）都要停下手中的工作，马上前往现场，予以调查处理
		运转指示灯	检查显示设备状态的运转、机器开动、转换或停止的状况。停止时还显示它的停止原因
		生产指示灯	数字的尺寸约为：高50 mm、宽3 mm。按左侧图样设置。管理者在座位上就能看到生产数量的变化，这种表示盘需要通过传感器来感知物品并将其以数值的形式记录

(续)

序号	工具	图示	作用
4	操作流程图	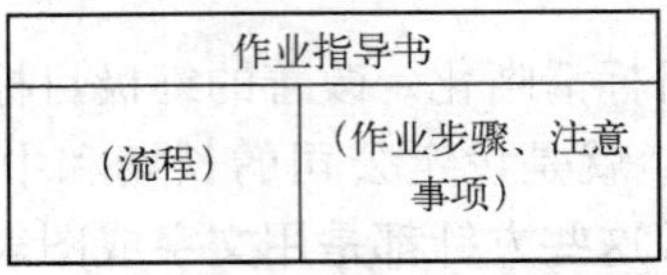 作业指导书 / (流程) (作业步骤、注意事项)	用来描述工序重点和作业顺序的简要作业指导书，有时也称为"步骤图"，用于指导生产作业。一般在现场是用将人、机器、工作组合起来的操作流程图
5	错误防止板	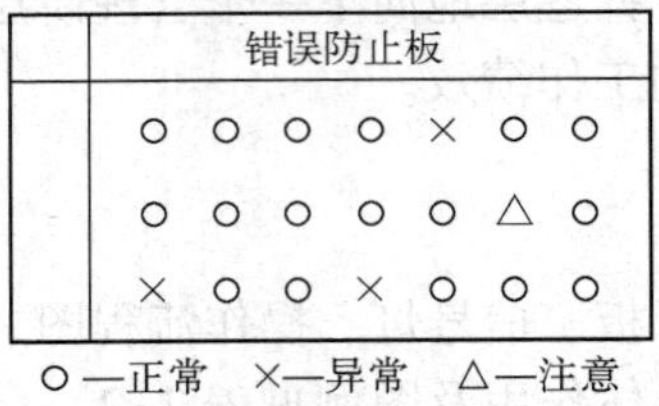 错误防止板（○○○○○×；○○○○○△；×○○×○○）○—正常 ×—异常 △—注意	为了减少错误而做的自我管理的防止板，一般以纵轴表示时间，横轴表示作业单位。以一小时为单位，从后段工程接收不合格品及错误的消息，在作业本身加上"○""×""△"等符号。持续进行一个月，将本月的情况和上个月做比较，以设立下个月的目标
6	错误示范板	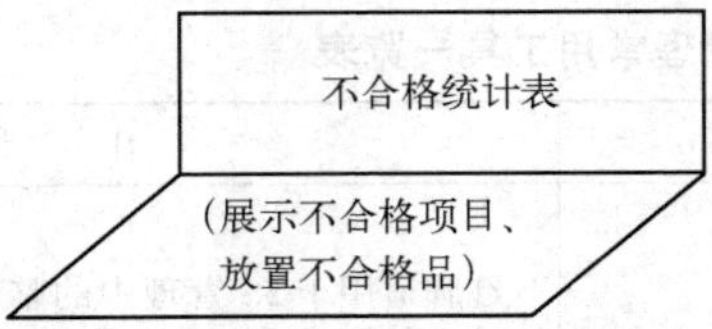 不合格统计表（展示不合格项目、放置不合格品）	把不合格品直接展现出来。具体表现形式有：①不合格现象及其结果揭示表；②不合格品的重点事项在改正前后的对照相片；③被示范的错误动作以及与正确动作相比较的照片
7	生产管理板	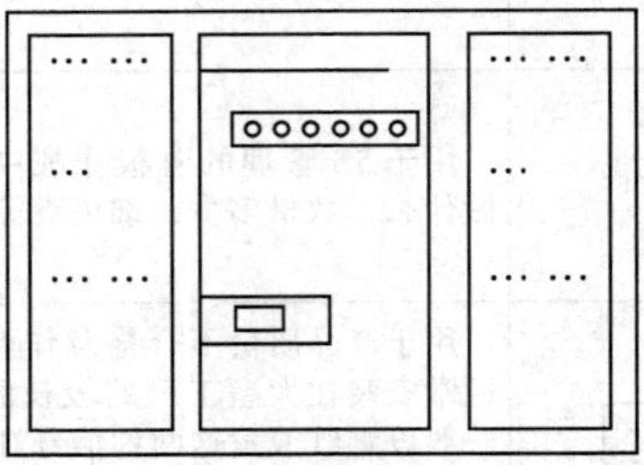 (图示)	生产管理板是用来揭示生产线的生产状况、进度的表示板，记入生产实绩、设备开动率、异常原因（停线、故障）等，用于看板管理
8	警示线	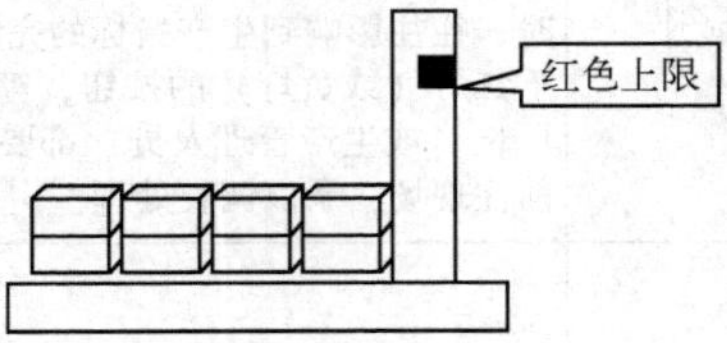 红色上限	在仓库或其他物品放置场所标示警示线，以表示最大或最小的限量，主要用于看板管理中
9	区域线	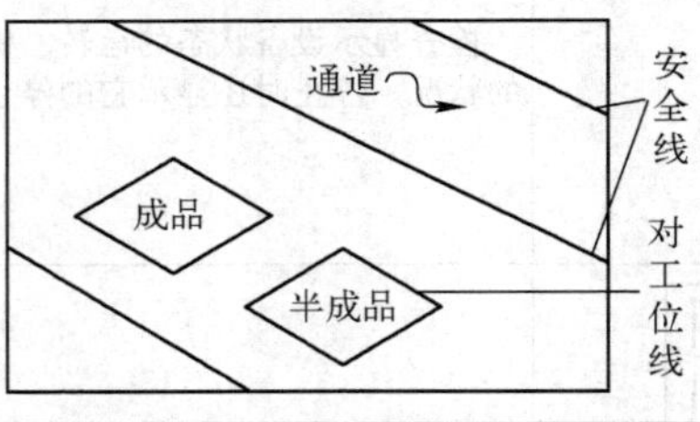 通道 安全线 对工位线 成品 半成品	对半成品放置的场所或通道等区域，用线条将其画出，主要用于整理与整顿，异常原因、停线故障等，用于看板管理中

2.2.5 目视管理的实施手段

在日常工作中，目视管理的应用实例非常多。常见的目视管理手段有标志线、标志牌、显示装置、信号灯、指示书以及色彩标志等。表2-3列举了区域画线，物品的形迹管理，

12

安全库存量与最大库存量，仪表的正、异常标识等目视管理实例的实现办法以及产生的作用。

表 2-3 目视管理办法

实例	实现的方法	产生的作用
区域画线	1) 用油漆在地面上画线 2) 用彩色胶带贴于地面上形成线条	1) 划分通道和工作场所，保持通道畅通 2) 对工作区域画线，确定各区域功能 3) 防止物品随意移动或搬动后不能归位
物品的形迹管理	1) 在物品放置处画上该物品的现状 2) 标出物品名称 3) 标出使用者或借出者 4) 必要时进行台账管理	1) 明示物品放置的位置和数量 2) 物品取走后的状况一目了然 3) 防止需要时找不到工具的现象发生
安全库存量与最大库存量	1) 明示应该放置何种物品 2) 明示最大库存量和安全库存量 3) 明示物品数量不足时如何应对	1) 防止过量采购 2) 防止断货，影响生产
仪表正、异常标识	在仪表指针的正常范围上标示为绿色，异常范围上标示为红色	使工作人员对于仪表的指针是否处于正常范围一目了然
5S 实施情况确认表	1) 设置现场 5S 责任区 2) 设计表格内容：责任人姓名、5S 实施内容、实施方法、达到的要求、实施周期、实施情况记录	1) 明确职责，明示该区域的 5S 责任人 2) 明确日常实施内容和要求 3) 监督日常 5S 工作的实施情况

2.2.6 目视管理评价标准

目视管理评价标准可以分为三类：①初级标准：有表示，能明白现在的状态；②中级标准：工作人员能判断质量优良与否；③高级标准：管理方法（异常处置等）都列明。

许多企业，通常只达到目视管理的初级标准，达到中级标准的已不多见，能达到高级标准的更是凤毛麟角。下面列举事例说明用于设备管理的目视管理。由表 2-4、表 2-5、表 2-6，可以观察到初、中、高三个目视管理标准的差别。

表 2-4 目视管理用于设备管理（初级标准）

水准	目视管理内容	参考例（故障件数）
初级标准	对应该管理的项目，通过结果推移图可以了解	1) 故障件数通过日推移图可以了解 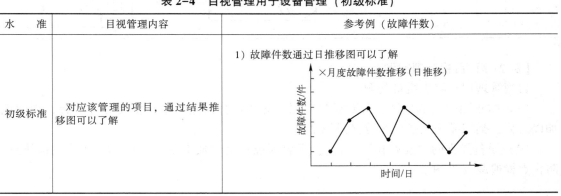

表 2-5 目视管理用于设备管理（中级标准）

水准	目视管理内容	参考例（故障件数）
中级标准	1）对应该管理的项目，通过结果推移图可以了解 2）对应该管理的项目，明确其计划目标、管理范围及结果，且对异常与否的判断一目了然	2）以日、月为单位，对目标进行管理

表 2-6 目视管理用于设备管理（高级标准）

水准	目视管理内容	参考例（故障件数）
高级标准	1）对应该管理的项目，通过结果推移图可以了解 2）对应该管理的项目，明确其处理流程、方法等 3）明确揭示物的管理方法（记入者、记入时间等）	1）明确对超前、落后的处理流程、方法等 2）明确记入者、记入时间

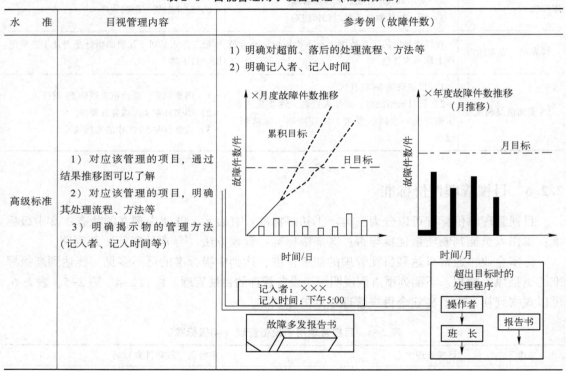

【例 2-2】 目视管理实例

目视管理用于解决质量问题。

（1）防止因"人的失误"导致质量问题　方法：合格品与不合格品分开放置，用颜色加以区分，类似品采用颜色区分（见图 2-4）。

（2）设备异常的"显露化"　方法：重要部位贴上"质量要点"标贴，明确点检线路，防止点检遗漏（见图 2-5）。

图 2-4　类似品采用颜色区分

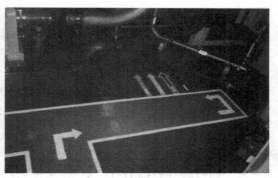

图 2-5　明确点检线路
（跟着颜色进行月、周、日点检）

本 章 小 结

定置管理就是对生产现场中物品的定置进行设计、组织实施、调整、协调和控制的全过程的管理。定置管理的基本原理就是分析、研究生产现场、人与物的四种结合状态。

目视管理就是利用人的视觉感知信息来组织现场生产活动，以提高生产效率的一种管理方法或手段。它具有迅速快捷地传递信息，形象直观地将潜在问题和异常现场显现出来，促进企业文化的形成和建立的作用。生产现场目视管理的工具有红牌、看板、信号灯、操作流程图、错误示范板、生产管理板、警示线、区域线等。

思考与练习题

一、单项选择题

1. 定置管理旨在进行科学的整理、（　　），把生产中不需要的物品清理掉，把需要的物品放在规定位置上。

　　A. 整理　　　　　B. 整顿　　　　　C. 清扫　　　　　D. 清洁

2. （　　）是人与物处于能够立即结合并发挥效能的状态。

　　A. D 状态　　　　B. A 状态　　　　C. C 状态　　　　D. B 状态

3. （　　）和规章制度公开化就是将各种工作标准公布于众，将各种规章制度让职工掌握以便贯彻执行。

　　A. 物品放置标准化　　　　　　　　B. 统一着装实行挂牌
　　C. 工作标准　　　　　　　　　　　D. 现场色彩标准化

4. （　　）就是直观、简便地设置生产控制符号，如在质量管理点上设置质量管理图。

　　A. 生产计划及其完成情况图表化　　B. 工作标准和规章制度公开化
　　C. 信息显示符号标准化　　　　　　D. 生产设置控制直观化

二、填空题

1. 常见的目视管理手段有标志线、标志牌、显示装置、（　　）、指示书以及色彩标志等。

2. 定置管理，要求信息媒介物达到五个方面的要求：（   ）；生产现场设有定置图；（   ）；存放物的序号、编号齐备；信息标准化。

3. 定置管理是以生产现场为研究对象，研究生产要素中（   ）、物、（   ）的状况以及三者在生产活动中的相互关系。

4. 操作流程图是描述工序重点和作业顺序的（   ）。

5. 目视管理的第三个原则——要使改善的目标（   ）。

6. 目视管理的常用工具为（   ）、看板、信号灯、操作流程图、错误示范板、生产管理板、警示线、区域线等。

三、判断题（正确的打"√"，错误的打"×"）

1. 定置管理是以生产现场物品的定置来实现设计、组织实施、调整、协调与控制的全部过程的管理。（   ）

2. 构成生产工序的要素有成品、半成品、机械设备、工夹模具、工艺方法。（   ）

3. 生产管理板是在一块板上形象地画出各种零件取送的数量、时间间隔、路线、目的地、工位器具种类及其存放地点和数量、运输车辆类别等。（   ）

4. 看板是在5S看板作战中，写有使用物品、放置场所等基本状况的标识板。具体位置、数量、负责人、工作等重要情况均要记入。（   ）

5. 定置图的设计应按统一标准。如各车间、各仓库必须绘制定置管理图，用A2图纸，可镶在镜框内并悬置于明显处，班组定置图用A0图纸。（   ）

6. 目视管理评价标准中初级标准都必须列明管理方法（异常处置等）。（   ）

四、简答题

1. 什么是定置、定置管理？
2. 如何理解定置管理的基本原理？
3. 举例说明目视管理的实现办法以及产生的作用。
4. 目视管理的常用工具有哪些？
5. 目视管理如何用于解决质量问题？

第 3 章 现场 6S 管理

学习目标：

- 了解 6S 的起源、6S 的效果与作用。
- 掌握整理、整顿、清扫、清洁、素养的推进步骤。
- 理解整理、整顿、清扫、清洁、素养的使用工具与方法。
- 理解安全生产责任制、安全生产教育制度和安全技术知识。
- 掌握推进安全的步骤与现场安全改善的方法。

3.1 6S 概述

3.1.1 6S 的起源

所谓 5S 就是整理（Seiri）、整顿（Seiton）、清扫（Seiso）、清洁（Seiketsu）、素养（Shit-suke）。以上五项内容在日语的发音中，都以"S"开头，故称为 5S 法。5S 起源于日本，指的是在生产现场中将人员、机器、材料、方法等生产要素进行有效管理。它针对企业中每位员工的日常行为方面提出要求，倡导从小事做起，力求每位员工都养成事事"讲究"的习惯，从而达到提高整体工作质量的目的。它是一种日式企业独特的管理方法。

1955 年，日本 5S 的宣传口号为"安全始于整理整顿，终于整理整顿"，当时只推行了前 2S，其目的仅是为了确保作业空间和安全，后因生产控制和品质控制的需要，而逐步提出后续 3S，即"清扫、清洁、素养"，从而使其应用空间及适用范围得到进一步拓展。1986 年，首个关于 5S 的专著问世，对整个日本现场管理模式起到了灯塔式的指引作用，并由此掀起 5S 热潮。

日式企业将 5S 运动作为工厂管理基础中的基础，作为推行各种质量管理方法的基础平台，在第二次世界大战后产品质量得以迅猛提升，从而一举奠定了经济强国的地位。尤其在丰田公司的倡导并推行下，5S 对于塑造企业形象、降低成本、准时交货、安全生产、高度标准化、创造令人心怡的工作场所等现场改善方面的巨大作用逐渐被各国管理界所肯定。随着世界经济的发展，5S 现已成为工厂管理的一股新潮流，成为管理过程中不可或缺的一个基本环节。

根据企业进一步发展的需要，我国的企业在 5S 现场管理的基础上，结合安全生产活动，增加了安全（Safety）要素，发展形成"6S"。

3.1.2 6S 的效果与作用

作为企业，实行优质管理，创造最大的利润和社会效益是一个永恒的目标。而优质管理具体说来，就是在 Q（Quality，质量）、C（Cost，成本）、D（Delivery，交货期）、S（Service，服务）、T（Technology，技术）、M（Management，管理）方面有独到之处。通过推进 6S 运动，可以有效达成 Q、C、D、S、T、M 六大要素的最佳状态，实现企业的经营方针和目标。所以说，6S 是现代企业管理的基础。6S 在现场管理的功能如图 3-1 所示，具体表现如下：

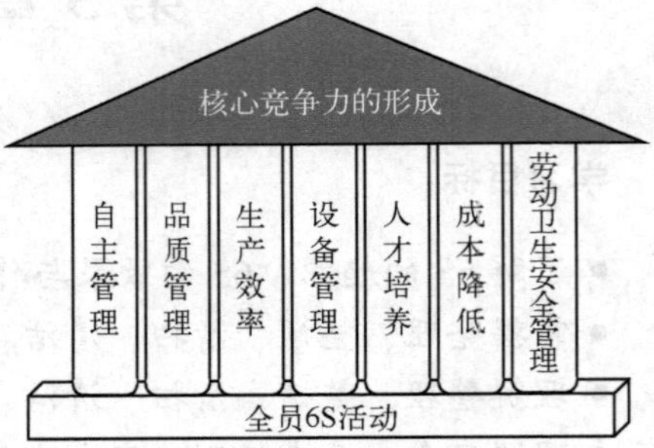

Q：指产品的性能价格比的高低，是产品固有的特性。好的质量是顾客信赖的基础，6S 所要求的生产过程的秩序化、规范化，其目的就是为好的质量打下坚实的基础。

C：在相同的产品质量下，产品的成本越低，产品竞争力就越强，企业就能继续生存和发展。6S 管理活动可以减少各种"浪费、勉强、不均衡"，提高效率，从而达到成本最优化。

图 3-1　6S 在现场管理的功能

D：为适应社会个性化的需要，只有弹性、机动灵活的多品种少批量的生产方式才能适应交货期需要。交货期体现企业的适应能力。6S 是一种行之有效的预防方法，能够及时发现异常，减少问题的发生，保证准时交货。

S：服务是培养客户忠诚度的重要手段。6S 可以提高员工的敬业精神和工作乐趣，使他们更乐意为客人提供优质服务。另外，通过 6S 可以提高行政效率，减少确认业务过程，可以让客人感到快捷和方便，有效提高客户满意度。

T：未来的竞争是科技的竞争，谁能掌握高新技术，谁就更具竞争力。6S 通过标准化来优化技术，积累技术经验，减少开发成本，降低开发风险，加快开发速度。

M：主要是对人员的管理、对设备的管理、对材料的管理和对方法的管理。只有通过科学化、效能化的管理，才能达到人员、设备、材料、方法的最优化，使得综合利润最大化。6S 是科学管理最基本的要求。

6S 有八大作用，即亏损为零、不良为零、浪费为零、故障为零、切换产品时间为零、事故为零、投诉为零、缺勤为零。因此这样的工厂也称为"八零工厂"。通过 6S 运动，企业能够健康、稳定、快速地成长，逐渐发展成对地区有贡献和影响力的世界级企业，并且达到投资者满意、客户满意、雇员满意和社会满意的目的。

3.2　6S 的推进重点

3.2.1　整理的推进重点

1. 整理的含义

整理就是把工作环境中必要和非必要的物品区分开来，并且必要品只保存合适的数量，节约有效空间的技术。

2. 推进整理的步骤

（1）现场位置检查　对工作现场进行全面检查，包括看得见和看不见的地方，如设备的内部、文件柜的顶部、桌子底部等位置。

（2）区分必需品和非必需品　管理必需品和清除非必需品同样重要。首先要判断物品的重要性，然后根据其使用频率决定管理方法，清除非必需品，用恰当的方法保管必需品，以便于寻找和使用。

【实用工具】必需品和非必需品的区分和处理方法

必需品和非必需品的区分和处理方法见表 3-1。

表 3-1 必需品和非必需品的区分和处理方法

类别	使用频度		处理方法	备注
必需品	每小时		放工作台上或随身携带	
	每天		现场存放（工作台附近）	
	每周		现场存放	
非必需品	每月		仓库存储	
	三个月		仓库存储	
	半年		仓库存储	定期检查
	一年		仓库存储（封存）	定期检查
	两年		仓库存储（封存）	定期检查
	未定	有用	仓库存储	定期检查
		无用	变卖或废弃	定期清理
	不能用		废弃或变卖	立刻废弃

（3）清理非必需品　清理非必需品时，把握的原则是看物品现在有没有"使用价值"，而不是原来的"购买价值"，同时注意以下几个着眼点：

1）货架、工具箱、抽屉、橱柜中的杂物、过期的报纸杂志、空罐、已损坏的工具、器皿。
2）仓库、墙角、窗台上、货架后、柜顶上摆放的样品、零件等杂物。
3）长时间不用或已经不能使用的设备、工具、原材料、半成品、成品。
4）办公场所桌椅下面、揭示板上的废旧文具、过期文件及表格、数据记录等。

（4）非必需品的处理　对非必需品的处理，一般有以几种方法，如图 3-2 所示。

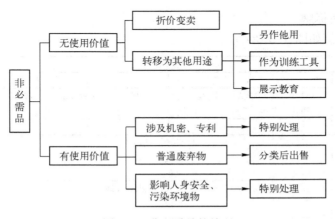

图 3-2　非必需品的处理

（5）每天循环整理　每天进行整理检查，具体检查内容见表 3-2。整理贵在日日进行、时时进行，偶尔突击一下，做做样子，就失去了整理的意义。

表 3-2 "整理"活动的具体检查内容

检查内容	不良现象	推行注意事项
作业台、椅子	① 不用的作业台、椅子也放在现场 ② 杂物、私人物品藏在抽屉里或台垫下面 ③ 当天不用的材料、设备、夹具堆放在台面上 ④ 材料的包装袋、盒用完后仍放在台面上	多注意被锁住的柜子内、桌底、桌顶一些平常不注意、容易隐藏的地方
货架	① 现场到处都有货架,几乎变成临时仓库 ② 货架大小与摆放场所的大小不相适应,或与所摆放之物不相适应 ③ 不用的货物、设备、材料都堆放在上面	将该区域进行三次整理工作后分类
通道	① 弯道过多,机械搬运车辆通行不便 ② 行人通道和货物通道混用 ③ 作业区与通道混在一块	确认区域规划的合理性
设备	① 现场有不使用的设备 ② 残旧、破损的设备有人使用,没人维护 ③ 过时老化的设备仍在点点停停,勉强运作	确认设备是否需要专业部门鉴定,防止万一要使用的设备被丢弃
办公台	① 办公台多过作业台,几乎所有管理人员都配有独立办公台 ② 每张办公台都有一套相同的办公文具,未能共用 ③ 办公台台面干净,抽屉里面杂乱无章 ④ 不能用的文具也在台上 ⑤ 私人物品随意放置 ⑥ 茶杯、烟灰缸放在上面 ⑦ 堆放了许多文件、报表	能少不用多
文件资料	① 各种新旧版本并存,分不清孰是孰非 ② 过期的仍在使用 ③ 需要的人员没有,无关人员反倒持有 ④ 保密文件未做管理,任人阅读 ⑤ 个人随意复印留底	注意文件夹内文件的整理 注意电子文档类文件的管理
公共场所	① 空间用来堆放杂物 ② 洗涤物品与食品混放 ③ 消防通道堵塞 ④ 排水、换气、调温、照明设施存在问题	注意垃圾堆放整齐 注意公共场所各个角落的空箱、来货区的区域规划

【例 3-1】红色标牌

红色标牌的实例如图 3-3 所示。

6S红牌					
管理编号		部门		责任人	
项目	□原材料 □半成品 □在制品 □成品 □机械设备、电器装置 □模具、夹具、工具 □清扫工具、垃圾 □其他				
名称		数量			
红牌原因	1. 不必要 2. 不急用 3. 不良		4. 停产、换线 5. 没及时处理 6. 其他		
处理方法	1. 丢弃 2. 返还 3. 清扫		4. 移到红色保管区域 5. 整理 6. 其他		
处理结果(整改期限)					
判断人		审核人		日期	

图 3-3 红色标牌

3.2.2 整顿的推进重点

1. 整顿的含义

整顿就是把必要的物品进行分类,根据使用频率确定放置的方法及位置,是节约时间的技术。

2. 整顿的若干规定

(1) 地面通道参考宽度

1) 主通道,120 cm 以上。

2) 区域通道,80 cm 以上。

3) 辅助通道,50 cm 以上。

(2) 定位线

1) 定位线用于地面物品的定位,视实际情况可以采用实线、虚线或四角定位线等形式,线宽3~6 cm。

2) 定位线通常采用黄色或白色线条。

3) 对消防器材、危险物品以及配电设施的定位,为达到警示效果,其前方禁止摆放的区域(如消防栓前、配电柜前)使用红白相间的胶带警示(见图3-4)。

4) 位置变动类物品定位时,常采用虚线定位法(见图3-5)。

图 3-4 红白相间的胶带警示　　　　图 3-5 虚线定位法

5) 形状规则的小物品定位时,可采用四角定位法,其中物品角和定位角线间距应为2~4 cm(见图3-6)。

6) 位置已经固定的办公桌及相应设施设备,不使用专门的定位线。

7) 货架常用四角定位,有时演化为从通道线或区划线上延伸的定位形式(见图3-7)。

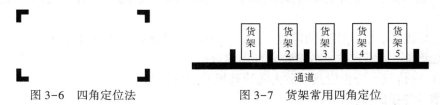

图 3-6 四角定位法　　　　图 3-7 货架常用四角定位

(3) 整理标识

1) 生产场地整理标识,采用不同色的油漆、胶带、地板砖或栅栏划分区域。

通道最低宽度为:人行道,1.0 m 以上;单向车道,最大车宽+0.8 m;双向车道,最大车宽×2+1.0 m。

绿色:通行道/合格品;绿线:固定永久设置;黄线:临时/移动设置;白线:作业区;红线:不合格区/不合格品。

在摆置场所标明摆放的物品;在摆放物体上进行标识;某些产品要注明储存、搬运注意事项和保养时间及方法；暂放产品应挂暂放牌，指明管理员、时间跨度。

2) 文件柜内整理标识，用分隔胶条和标贴，如图 3-8 所示。文件柜门左上角贴柜门标签（标签大小根据文件柜尺寸具体设定）。

(4) 文件整理分类，用文件夹分类放置

1) 文件夹应统一标识（标识应位于文件夹侧面）；统一规格，用计算机打印。

2) 文件夹所在的文件盒也应有对应标识。

3) 文件管理部门或责任者应明确并标识。

4) 有多个文件夹（五个以上）者，设置形迹管理线，以方便归位。

(5) 各种管理对象（配电箱、办公设备、公共设施等）的标签　标签粘贴要求其高度与使用者视线基本相平，在同一平面上各标签高度、间距尽量相等。

(6) 办公桌

1) 桌面允许放置的物品（较长时间离开时）有文件夹（盒）、电话机（传真机）、文具盒（笔筒）、计算机、水杯、台历。

2) 明确文件放置盒的状态（待处理、处理中、已处理）或者所放置物品的具体名称。

3) 抽屉的整理、整顿。清除不要的或不应该放在抽屉内的物品；抽屉内物品要分类，做分类标识；个人用品放置在底层；有措施防止物品来回乱动。

(7) 线束整理　线束无裸压或者散乱于地上；不拖地，方便清扫卫生；插头（开关）标识控制对象，防止误动误用，如图 3-9 所示。

图 3-8　文件柜内整理标识　　　　　　　图 3-9　线束整理

(8) 姓名牌、茶具、水杯的定点放置　可采用杯垫、图标等方式定位，放置位置部门内统一。

(9) 垃圾桶、清洁用具的定位、标识　公用的垃圾桶、清洁用具需要定位，个人办公桌下的垃圾桶可以不定位，放置位置部门内统一。

(10) 宣传板、公告栏及人员去向管理板的定位管理

3. 推行整顿的步骤

(1) 分析现状　分析为什么人们取放物品的时间这么长，主要有以下原因：不知道物品存放在哪里；不知道要取的物品叫什么；存放地点太远；存放地点太分散；物品太多，难以找到；不知道是否已用完或别人正在使用（没找到）。解决这些问题需从日常工作中必需品的管理状况入手，必须从物品的名称、分类、放置等方面的规范化情况进行调查分析，找出问题所在，对症下药。

(2) 物品分类　根据物品各自的特征，把具有相同特点、性质的物品划为一个类别，并制定标准和规范，正确命名、确定、标识物品的名称。

（3）决定储存方法的三要素　第一要素是场所，整顿后，空间重新布局，明确物品放置场所；第二要素是放置方法，依据物品用途、功能、形状、大小、使用频度，决定竖放、横放、直角、斜置、吊放、在挂钩上放置等，以及放在第几层，放上、放下、放中间等；第三要素是标识，通过标识使任何人都能十分清楚任何一堆物品的名称、规格等参数。

（4）规定摆放三定方法

1）定点。确定摆放方法，如架式、箱式、工具柜式、悬吊式，在规定区域放置；尽量立体放置，充分利用空间。

2）定类。产品按机能或按种类区分放置，以便于拿取和先进先出。

3）定量。确定使用数量；确定所用容器的颜色和识别方法；做好防潮、防尘、防锈、防撞等保护措施。

（5）整顿的检查　"整顿"活动的具体检查内容见表3-3。

表3-3　"整顿"活动的具体检查内容

检查内容	不良现象	推行注意事项
作业台、椅子	① 物料凌乱搁置在台面上 ② 台面上下的各种电源线、信号线、压缩空气管道乱拉乱接，盘根错节 ③ 作业台、椅子尺寸形状大小不一、高低不平、五颜六色，有碍观瞻 ④ 作业台、椅子无标识，不知道属于哪个部门，由谁管理	在确定物品定量方法时是否已做好了防呆措施
货架	① 摆放的物品没有识别管理，除了当事人之外，其他人一时难于找到 ② 货架太高，或物品堆积太高，不易拿取 ③ 不同的物品层层叠放，难于取放 ④ 没有按"重低轻高"的原则摆放	① 针对布局是否合理，提出改善提案 ② 强调分类的重要性 ③ 注意重要物品和易损件的放置容器
通道	① 未将通道位置画出 ② 被占为他用，如作为材料摆放区 ③ 部分物品摆放超出通道 ④ 坑坑洼洼，凹凸不平，人员、车辆不易通行	确认区域规划，结合空间利用，设计合理的布局；人车分流，预留设备通道
设备	① 使用暴力，野蛮操作设备 ② 设备放置不合理，使用不便 ③ 运作能力不能满足生产要求 ④ 没有定期保养和校正，精度有偏差 ⑤ 缺乏必要的人身安全保护装置	① 确认有无操作标准 ② 确认操作人员是否受过正规的培训 ③ 设备的管理责任是否明确并细化
办公台	① 现场办公台设置位置主次不分 ② 办公台用作其他用途 ③ 台面办公文具、通信文具没有定位 ④ 公共物品放在个人抽屉 ⑤ 抽屉上锁，其他人拿不到物品	除人员办公用的办公桌，其他的一律按物品性质定做书架、文件篮等
文件资料	① 未能分门别类，也没有用文件柜、文件夹存放 ② 没有定点摆放，四处都有，真正要用的又不能及时找出 ③ 文件种类繁多，难于管理 ④ 接收、发送未记录或留底稿 ⑤ 即使遗失不见了，也没有人知道	① 注意文件框内的分类是否一目了然 ② 注意文件平时是否都有人保管 ③ 电子文档的整理是否及时、合理
公共场所	① 区域、场所无标识 ② 无整体规划图 ③ 物品无定位、定置 ④ 逃生路线不明确 ⑤ 布局不合理，工作效率低	① 各车间使用路牌标识 ② 各公共用品上设有爱护提示牌 ③ 区域标识及门牌标识要统一，能有效宣传公司形象

【实用工具】常见引线的标识方法及使用范围

常见引线的标识方法及使用范围见表 3-4。

表 3-4 常见引线的标识方法及使用范围

类别	颜色	线形	线宽/cm	使用范围	图示
网状线	黄、红	实线	10	厂区门口、货柜台前（红色用于消防栓、灭火器处）	
出入口线、门开闭线	黄	虚线	10	工作区出入口位置的标识、门开闭位置的标识	
通行线	黄	箭头	—	通道、楼梯的转弯处和起点处的标识	
区域线	黄	实线	10	通道、生产作业区的标识	
虎纹线	黄、黑	黄黑相间	10	防撞部位，如墙角、低空防撞等	
斑马线	红	实线	10	配电箱等的区域标识	
定置线	黄、白	实线	5	在制品等的区域标识	
定置线	黄、白	虚线	5	垃圾桶等的区域标识	
定置线	黄、白	直角线、虚线	5	工作台、机械设备等的区域标识	
红白线	红、白	实线	5	危险区域，如防护栏杆、立柱等	

【例 3-2】物料架三定标示（无定容物品）

物料架三定标示（无定容物品）如图 3-10 所示。

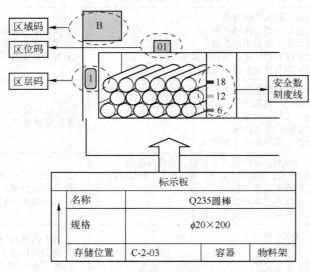

图 3-10 物料架三定标示（无定容物品）

3.2.3 清扫的推进重点

1. 清扫的含义

清扫就是通过对环境、设备、工具、设施的维护、点检和保养，使之保持良好的状态。清扫是保证品质和效率的一种技术。

2. 清扫基准和制度

清扫基准和制度见表3-5。

表3-5 清扫基准和制度

对象	清扫要点、方法	工具	清扫标准要求	周期	清扫时间	责任人
职场	① 对通道、地面的扫和擦 ② 对工作台、椅的自行抹擦 ③ 对通风器铲垢 ④ 配管、配线抹擦 ⑤ 开关在关电后抹擦 ⑥ 抹和扫覆盖、护盖 ⑦ 对天花板抹和扫	拖把、抹布、毛巾、干纱布、纱布、刮刀、钢刷、扫把	① 平整、无尘、无杂物遗落 ② 洁净、无残缺 ③ 无贴附较厚油渍、污垢，不堵塞管口 ④ 干净、无尘埃、无污垢，颜色鲜明 ⑤ 开关洁净，拨动灵活，标示清晰 ⑥ 灯管、灯盆、虫网明亮洁净无污垢	除了每天用5 min清扫①和②点外，其他只需每周一次	每周五下午4:30~5:00	各责任区所属单位的全体员工
办公设备	先用纱布沾洗涤剂轻轻抹擦，再用干纱布擦净设备重点部位的表面和容易积尘的地方，如计算机、传真机、复印机、空调器等	湿纱布 干纱布	主机和重点部位的正面、背面、颈部、送风口等易积尘地方无污垢	每周一次	月初周末下午4:30~5:00	各使用人
文档	① 机密文件失效后一律碎掉 ② 非机密文件失效后清出资料夹 ③ 无法回收利用的过期文档集中废弃或变卖	目测	① 各现行文档内不能尚存失效文件，机密文档不可随意被看到 ② 超过保管年限的表单及时集中销毁，保管年限内的表单定期装订 ③ 没有无用的卡片、册子、档案、报刊等 ④ 没有无用的手稿、与工作无关的文件	每月一次	月底	各文件代管人
机械设备	① 空压系统——抹布拭擦 ② 油压润滑系统——抹布拭擦，不能用风筒吹 ③ 机械传动、滑动部位——切削去垢，抹布拭擦 ④ 电气系统——抹拭附属灰尘，关电后轻擦拭开关等 ⑤ 工具、模具、量具——柔软纱布擦拭	抹布 纱布	① 各系统设备不可积上厚厚的尘埃、污垢 ② 机械传动、润滑部位无阻塞污垢杂物 ③ 电气系统洁净、干燥、无锈蚀 ④ 工模量具精确锃亮	每月一次	月底或月中生产空闲停顿的时候	工程人员

（1）前期准备

1）分配清扫区域。把清扫区域编号、担任清扫工作的人员、清扫时间之类的事项制作成一个小型看板，在区域内张贴，让每个责任人清楚自己负责的地区与时段，如图3-11所示。

2) 决定清扫方法。清扫程序明确化,培养人员建立清扫习惯,促进清扫工作的标准化。例如,要安排清扫日程,一定要用轮值表的方式,否则无法进行持续的活动。

3) 准备清扫用具,并做好工具定位。

图 3-11 清扫区域与责任人

(2) 选定主题 确定物品放置场所;对设备的清扫应着眼于对设备的维护保养、润滑;清扫空间包括通道、会议室、厕所等不同的空间,还包括窗户、天花板、地面、墙壁等。

(3) 执行 清扫阶段的执行重点在于清扫活动,即扫除工作岗位中的一切垃圾、灰尘;寻找污染源,制订解决方案,以杜绝污染发生或使发生量减少。例如,如果有溢漏现象,应通过密封方式将溢漏处封起来;如果有粉尘四处飞散,可采用遮蔽或覆盖方式,以缩小污染面积;如果是设备有松脱、破损、故障等问题,造成污染,一定要立即进行修理。

(4) 确认 对清扫进行检查,其检查内容见表 3-6。在检查和执行清扫时,对发现的问题要提出改善措施,并进行落实,直到问题解决为止。

表 3-6 "清扫"活动的具体检查内容

检查内容	不良现象	推行注意事项
作业台、椅子	① 设备和工具破损、掉漆，甚至残缺 ② 到处布满灰尘、脏污 ③ 材料余碴、碎屑残留 ④ 垫布发黑，许久未清洗 ⑤ 表面干净，里边和后边脏污不堪	这一阶段多注意设备的完好状态和点检实施的真实性、有效性
货架	① 物品包括外包装在内，一起放在货架上，清扫困难 ② 只清扫货物不清扫货架 ③ 布满灰尘、脏污 ④ 物品放了很久也没有再确认，有可能变质	① 对包装箱内物品应标识有效期 ② 清扫货架等物，保证干净、整洁 ③ 对容易失效的物品用明显的标识进行标注（目视管理）
通道	① 灰尘多，行走过后有鞋印 ② 有积水、油污、纸屑、铁屑等 ③ 很久未打蜡或刷油漆，表面斑斑驳驳，非常难看	确认清扫责任表，找出不能执行、维持的背后原因
设备	① 有灰尘、脏污之处 ② 有生锈、褪色之处 ③ 渗油、滴水、漏气 ④ 导线、导管破损、老化 ⑤ 滤脏、滤气、滤水装置未及时更换 ⑥ 标识掉落，无法清晰分辨	① 有无点检标准 ② 有无点检记录 ③ 记录是否有效
办公台	① 台面脏污，物品摆放杂乱无章，并且有积尘 ② 办公文具、通信文具污迹明显 ③ 台下办公垃圾多日未倾倒	确认是否有办公设施责任人、区域负责人，以及值日要求、周期
文件资料	① 复印不清晰，难于辨认 ② 随意涂改，没有理由和负责人 ③ 文件破损、脏污 ④ 文件柜、文件夹污迹明显 ⑤ 未有防潮、防虫、防火措施	① 文件的清晰度 ② 文件的完整性 ③ 文件的保存状态
公共场所	① 玻璃破烂，不能挡风遮雨 ② 门、窗、墙被乱涂乱画 ③ 墙壁发黑，地面污水横流 ④ 采光不好，视线不佳 ⑤ 到处污迹明显，无人擦洗 ⑥ 无人定期进行必要的清洁、消毒	① 基础设施管理责任化 ② 管理维护日常化 ③ 专业维护定期化

【实用工具】某机电公司清扫区域与责任人示例

某机电公司清扫区域与责任人如图 3-12 所示。

【例 3-3】设备清扫标准范例

设备清扫标准范例见表 3-7。

表 3-7 设备清扫标准范例

工艺责任人		操作责任人		维修责任人	
姓名	×××××	姓名	×××××	姓名	×××××
电话	×××××	电话	×××××	电话	×××××

设备维护示意图如图 3-13 所示，具体操作见表 3-8。

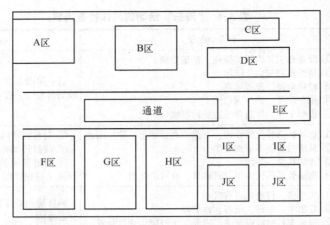

序号	责任人	责任区域	色别
1	吴可运、田金英	A区	红色
2	乔卫利、黄仲良	B区	黄色
3	章志明	C区	蓝色
4	葛通根	D区	青色
5	徐小林、梁亮、陈梅	E区	紫色
6	李东升、查红样	F区	黑色
7	张行、谭锡东	G区	白色
8	杨东、潘维	H区	绿色
9	严伟民	I区	棕色
10	龚阳君	J区	银色

图 3-12　清扫区域与责任人

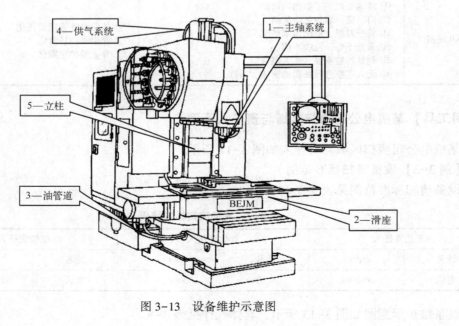

图 3-13　设备维护示意图

表 3-8 设备维护具体操作

序号	部位	清扫基准	点检方法	工具	责任人	需要时间/min	周期 日	周期 周	周期 月
1	主轴系统	无积尘、无油污、无杂音、无超温	耳听手触	毛扫、抹布、气枪		2	√		
2	滑座	无积尘、无油污、无漏油、无振动	目视手触	毛扫、抹布、气枪、扳手		5	√		
3	油管道	无积尘、无油污、无摩擦、无弯折、无破损	目视手触	毛扫、抹布		2	√		
4	供气系统	无积尘、气管无破损、压力保持 $3.0×10^5$ Pa	目视手触	抹布、气枪		2	√		
5	立柱	无积尘、无油污	目视	毛扫、抹布、气枪		2	√		

3.2.4 清洁的推进重点

1. 清洁的含义

清洁就是通过建立起规范化和制度化的标准，确保 3S 的成果，其含义见表 3-9。

表 3-9 清洁的含义

	整理	整顿	清扫
没有进行清扫 ↓ 将清扫习惯化 ↓ 将清扫制度化（清洁）	必需品和非必需品混放	找不到必需品	工场到处是脏污、灰垢
	清除非必需品	用完的物品放回原处	清扫脏污、灰垢
	不产生非必需品的机制	取放方便的机制	不会脏污的机制

2. 推进清洁的步骤

1）对推进组织进行教育　必须用 5S 的基本思想向组员和全体员工进行必要的教育和宣传，这是非常重要的。

2）制定专门的手册　整理、整顿、清扫的最终结果是形成清洁的作业环境。因此必须制定简单的制度或原则，然后制成看板标识放在现场。还要形成专门的手册，从而达到确认的目的。

3）明确清洁的状态　所谓清洁的状态，就是干净、高效、安全。

4）定期检查　不但要检查清洁度，而且要检查高效的程度，效率是定期检查的重点。

5）环境色彩化　环境色彩化是指厂房、车间、设备、工作服都采用明亮的色彩，一旦有污渍，就很明显，容易被发现。

6）推进透明管理　展开清洁活动还必须推进透明管理，即拆除那些不透明的金属板，改为安装玻璃；实在不行的，也应该安装一个透明的检查窗口。

【例 3-4】现场 5S 改善实例

现场 5S 改善实例如图 3-14、图 3-15 所示。

仓库（实施5S前）　　　　　　　　　　　仓库（实施5S后）

图 3-14　仓库实施 5S 前后

问题点 1	改善措施 1
● 物料存放分类不清晰。	● 按物料所属机型分类。
	● 按常用和不常用整体规划存放。
● 摆放不整齐，超高堆放。	● 按常用和不常用整体规划存放位置定名、定位、定量。
● 无索引和目录。	● 用箱、盒存放整齐。
● 未定名、定位、定量。	● 分别列出详细目录和索引。

 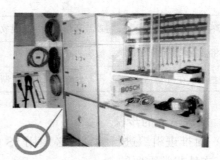

工具放置地（实施5S前）　　　　　　　　工具放置地（实施5S后）

图 3-15　工具放置地实施 5S 前后

问题点 2	改善措施 2
● 工具虽有定位标示，但不便归位。	● 运用形迹管理（即将物品的投影形状在保管的板或墙上描画出来）。
● 未运用目视管理，规范工具摆放。	● 分类清晰准确。
	● 巧用吊挂式。

3.2.5　素养的推进重点

1. 素养的含义

素养就是全面提高员工的品质，彻底改变每个工作人员的精神面貌，这是 5S 追求的最高境界。

2. 推进素养的要点

1）通过规范行为来改进员工的工作态度，养成良好的习惯，进而能依照规定的事项（厂纪、厂规、各种规章制度、工作程序和各项作业标等）来行动，使其成为一个具有高尚情操的优秀员工，如图3-16所示。

2）通过多种活动和手段，形成一种文化氛围。如通过宣传活动，把气氛调动起来；通过比赛，如摄影、漫画、标语、演讲比赛等，将好的典范提列出来，让每位员工都知道5S管理活动在进行中；通过检查、评比，列出名次，让每位员工都能明了5S管理活动评价的标准。

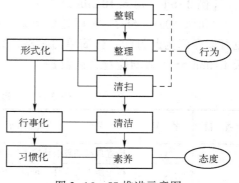

图3-16 5S推进示意图

3）培养各种良好的礼节，养成遵守集体决定事项的习惯，创造纪律良好、有活力的工作环境。

【实用工具】5S活动的现场检查表

5S活动的现场检查表见表3-10。

表3-10 5S活动的现场检查表

部门：　　　检查者：　　　日期：

项目	检查内容	现 场 现 象	检查结果 是：√ 否：×	对策、改善方案 （完成时间）
素养 5S	接人待物	① 对上司是否保持基本礼仪 ② 举止是否粗暴，是否口出脏言 ③ 上下班见面时是否相互问候 ④ 是否及时归还借用公物 ⑤ 是否遵守公共场所相关规定 ⑥ 是否有主动精神和团队精神		
	仪容仪表	① 是否感觉精神有活力 ② 是否不修边幅 ③ 是否头发、胡须过长 ④ 是否依规定穿着厂服，佩戴识别证 ⑤ 是否将纽扣或鞋带弄好 ⑥ 是否注意良好的个人卫生		
	作业素养	① 上班时间不准进食，如早餐、零食等 ② 吸烟是否到规定场所 ③ 是否按要求将手套戴好 ④ 是否随地吐痰、随便乱抛垃圾 ⑤ 工作前、用膳前是否洗手 ⑥ 是否按规定穿工鞋、工作服 ⑦ 是否大部分人有时间观念 ⑧ 是否积极参与提高改善活动		

【例 3-5】"每天 10 min 5S"管理

"每天 10 min 5S"管理是极有效、极简便的工具。可以利用自己的日记或工作日志,也可以专门为此打印一张简单的表格,每天提醒,每天检查,让5S的推行形成计划。"每天 10 min 5S"活动检查表见表 3-11。

表 3-11 "每天 10 min 5S"活动检查表

项目	序号	活动内容	完成结果 是:√ 否:×	改善意见及对策
每天 10 min 5S 活动	1	检查自己的着装状况和清洁度		
	2	检查是否有零件、产品、废料等物品掉在地上,并都捡起来		
	3	重新放置那些放错位置的物品		
	4	固定可能脱落的标签		
	5	擦干净溅落或渗漏的水、油和其他脏污		
	6	将标示牌、标签等擦干净,保持字迹清晰		
	7	用抹布擦干净关键仪表、设备及机器上的所有位置		
	8	处理所有非必需品		
	9	扔掉废料箱内的废料		
	10	清洁地面		
	11	对个人工具柜或文件资料、记录进行整理		

3.2.6 安全的推进重点

安全生产管理在于如何消除生产过程中的各种有害因素,探索和研究生产过程中的不安全、不卫生因素与劳动者之间的矛盾和规律,并运用这些规律制定科学的、合理的、行之有效的各种安全生产管理制度,预防各类事故,控制职业病和职业中毒的发生,以达到保护员工的安全与健康,促进生产发展的目的。

1. 安全责任

生产负责人是安全生产的第一责任人,同时又是完成生产任务的核心人物,这就决定了在抓好生产的同时,必须做好安全管理,否则如在生产中发生事故,生产负责人的责任是不可推卸的。班组长的具体安全职责如图 3-17 所示。

【实用工具】机修班长安全生产责任书

机修班长安全生产责任书见表 3-12。

表 3-12 机修班长安全生产责任书

机修班长安全生产责任书
1. 执行本公司和车间安全生产规定和要求,对本班组的安全生产全面负责。
2. 组织员工学习并严格遵守岗位安全生产责任制、安全生产规章制度和安全技术操作规程;同时所有安全措施都必须在检修、抢修施工前认真学习,并在实际工作中严格执行。
3. 组织好每次的安全日活动,坚持班前讲安全、班中检查安全、班后总结安全。

(续)

机修班长安全生产责任书
4. 负责对新老员工进行岗位安全教育。班组要保证每周必须抽考岗位安全规程、相关规章制度、危险源控制措施、紧急情况的处理程序。 5. 负责班组安全检查，发现不安全因素及时组织力量消除，并报告上级。 6. 班组应适时组织岗位安全操作的技能训练，举行反事故演习，掌握处理各种故障的能力，提高自我保护能力。一旦发生事故立即报告，组织抢救，保护好现场，做好详细记录。 7. 搞好本班组生产设备、安全装置、消防设施、防护器材和急救器具的检查维护工作，使其保持完好和正常运行，监督教育员工正确穿戴劳动保护用品。 8. 监督员工严格按照操作规程操作，遵守作业标准，不违章指挥，不强制员工冒险作业，如员工违章要立即制止其行为。 9. 凡检修、抢修及临时性工作，班组都必须提前制定出书面安全措施，并由车间主管领导审批，大中修安全措施逐级把关、审批。 10. 要结合现场、环境、季节、施工方案、危险区域、重点部位、互保联系信号、标志等实际情况制定临时安全措施。 11. 本部门第一安全责任人委托的其他安全工作。 我们承诺：坚决履行上述安全生产职责和义务，认真抓好本班组安全生产工作。 责任人签名： 签发人（机修车间主任）： 签制日期：　　年　月　日

班组长的具体安全职责：

1）认真执行企业和车间安全规章制度、安全工作指令和决定等，对本组员工在生产中的安全和健康负责

2）根据生产任务、劳动环境和员工的身体、情绪、思想状况，具体布置安全工作，做到班前布置，班后检查

3）经常教育和检查班组员工是否正确使用机器设备、电器设备、工夹具、原材料、安全装置等，制止违章指挥和违章作业，严格行使安全否决权

4）检查班组员工对安全技术操作规程的遵守情况，不能随意违反和破坏，以确保机器设备处于良好状态，消除一切不安全因素和事故隐患

5）指导班组员工进行安全操作方法，经常检查班组员工穿戴劳保用品，保持成品、半成品、材料及废物合理放置，通道畅通，场地整洁

6）发生事故时，应立即报告车间领导，并积极组织抢救。除防止事故扩大采取必要的措施外，应保护好现场。同时对事故进行分析，做好整改，并在规定的时间内上报

7）每周必须固定一天为安全活动日，做好对新员工、调岗员工、复工人员的安全生产知识教育

8）督促班组安全员做好各种安全生产档案资料，使其制度化、规范化、科学化

图 3-17　班组长的具体安全职责

【实用工具】安全整改计划

安全整改计划见表 3-13。

表 3-13 安全整改计划

隐患部位	隐患描述	整改意见	整改时限	负责部门
冲压车间	个别安全出口指示灯损坏	检查维修	9月16日前	
冲压车间	2号压力机安全罩损坏	检查维修	9月16日前	设备处
装配车间	走廊开关损坏	检修走廊开关	9月16日前	总务处
机修车间	无车床安全操作标志	设置车床安全操作标示牌	9月30日前	机修车间
机修车间	无行车标示线和标示	设置交通标示线和标示牌	9月30日前	机修车间
消防水泵房	电机井渗水，易导致电机不能正常工作	先解决排水问题，然后查找渗水原因，彻底解决渗水问题	9月21日前	安全处
油料储存间	油漆、汽油等易燃物品存放未达到规定的通风、防晒要求	按易燃、易爆物品存放要求存放相关物品，满足通风、防晒要求，单独存放	9月16日前	仓储部
装配车间	虽然设置行车运行警示标志，但仍存在员工在其内随意穿行现象	加设阻止员工通行设施，加强对穿行人员的教育	9月16日前	装配车间、管理部

2. 安全规程与安全管理制度

企业的安全管理制度，是结合企业各工种生产的共同特点制定的，是安全生产的可靠保证和有力措施。与组织有直接关系的安全管理制度，有安全警示制度、安全交接班制度和考核奖励制度等，如图 3-18 所示。班组安全管理分担一览表见表 3-14。

表 3-14 班组安全管理分担一览表

事 项	工 作 内 容	责 任 人
设备安全装置点检	所有安全装置注油、防锈，保证有效	邹忠成
空调、抽风机点检	确保空调、抽风机正常运转	王文东
插座、电源开关点检	电器无破损，无漏电，接触良好	何卫新
化学物品保管	化学物品保管在铁柜内，并确保化学物品无泄漏	殷武斌
灭火器材点检	检查灭火器在有效使用期限内，确保器材无破损、灰尘和锈迹	李建
劳保用品管理	保证用品数量，监督穿戴规范	谈根益
火灾发生管理	报告上级、发出报警信号、切断电源、组织灭火、重要物资文件转移、人员疏散、清点	张宝金（班长）

【例 3-6】数控电火花的安全操作规程

数控电火花的安全操作规程表见表 3-15。

安全操作规程	企业针对不同的作业设备制定的设备操作基本使用方法、基本操作程序、要领和注意事项。这是预防设备安全事故和人身安全事故以及作业标准化、规范化的基本制度。班组长要及时宣传和教育班组成员认真掌握、严格执行安全操作规程
安全警示制度	每天在员工上班操作之前，由班组长结合当班工作的特点对员工做安全知识提问，如讲安全技术知识，对岗位员工就安全操作规程等安全知识进行提问；提出安全要求，落实安全措施；班后总结会要认真总结经验教训；对那些不重视安全生产的人，警钟长鸣
安全交接班制度	有交接连续生产的岗位，下班员工与接班员工对生产进度、设备运行、温度、压力、速度及要害部位的状况等进行交接
	"三一"：对重要生产部位一点一点地交接；对安全生产数据一个一个地交接；对主要消防器材一件一件地交接
	"四到"：应看到的要看到；应听到的要听到；应摸到的要摸到；应闻到的要闻到
	"五报"：报检查部位；报部件名称；报生产状况；报存在问题；报处理问题
考核奖惩制度	作为班组始终要把安全生产管理作为重要的工作常抓不懈，开展经常性的安全生产检查活动。安全生产管理必须与岗位责任制和安全奖惩考核制度联系起来
操作确认挂牌制度	在每次操作前，班组长对操作对象必须确实严格按照操作规定执行；对于关键性的按钮、开关、阀门等，要加安全防护罩或挂牌子；上下岗交接班时，要检查设备润滑、紧固、制动控制、电器供电系统是否完好，压力、温度、加热炉的火势是否适当，易燃、易爆物质存放位置是否合适，有无事故因素，认为确实无误，方可上下班
安全预防保护制度	生产员工进入岗位必须穿工作服，高空作业必须系保险带；进入有毒、易爆处或各种容器、管道等场所检查、检修、取物、用火等临时操作时，进入时要有安全人员监护，还要经常通风。对电器设备带电操作，也必须有人监护
班组长安全负责制	班组长对本班组的安全生产要全面负责。班组长肩挑生产与安全两副重担，不仅要熟练掌握生产技术，而且还要以身作则，自觉地、模范地遵守安全规章制度，认真贯彻执行安全生产责任制，建立班组安全管理分担制，如表3-14所示
指挥联系呼应制	在生产环境复杂、人机混杂、同一生产环节距离较远、噪声大的情况下，全作业线由班组长或值班长统一指挥；两人以上工作距离较远或视线较差需用有线、无线电话或信号联系；指挥人或主操作人向被指挥人或配合操作人发出的操作指令要简短明确；双方应将联系结果做好备案

图3-18　班组安全规程与安全管理制度

表 3-15 数控电火花的安全操作规程

图　　示	数控电火花的安全操作规程
	1) 要注意开机的顺序，先按进油冷却按钮，调整液面高度、工作液流量，是否对着工件冲油，再按放电按钮进行加工 2) 放电加工正在进行时，不要同时触摸电动机与机床，防止触电 3) 加工时应调好加工放电规定参数，防止异常现象发生 4) 操作时必须保持精力集中，发现异常情况（积碳、液面低、液温高、着火）要立即停止加工并及时处理，以免损坏设备 5) 禁止用湿手、污手按开关或接触计算机操作键盘等电器设备 6) 一切工具、成品不得放在机床工作面上 7) 操作者离开机床时，必须停止机床的运转 8) 操作完毕必须关闭电源，清理工具，保养机床和打扫工作场地

【实用工具】安全生产管理检查记录表

安全生产管理检查记录表见表 3-16。

表 3-16 安全生产管理检查记录表

项　目	内　容	检查结果 是（√）否（×）	对　策
安全管理	1) 是否有安全计划及实施内容 2) 是否进行安全自检 3) 是否悬挂安全规程 4) 是否悬挂安全标语和标志 5) 各项安全记录是否填写正确		
安全组织	1) 是否建立安全责任制 2) 消防队员是否有计划地开展工作 3) 是否设立班组安员 4) 特殊岗位人员是否经必要的培训 5) 安全设施及急救药箱是否准备好		
安全操作内容	1) 检查员工是否树立"安全第一"的思想 2) 安全责任心是否强 3) 是否明确自身安全职责 4) 是否掌握安全操作技能，是否自觉遵守安全技术操作规程以及各种安全生产制度 5) 对于不安全的行为是否敢于纠正和制止 6) 是否确保班组成员严格遵守劳动纪律 7) 是否做到安全文明生产 8) 是否严格执行安全管理规章制度		
岗位安全	1) 遵守安全操作规程情况 2) 操作人员精神状况 3) 操作人员动作安全性 4) 装卸模具是否安全 5) 岗位周围环境是否安全		
安全生产内容	1) 设备、环境防护是否符合安全要求 2) 消防设施是否符合安全要求 3) 通道疏散是否符合安全要求 4) 危化品的生产、使用、储存、废弃是否符合规定 5) 职业危害是否符合规定 6) 劳动保护用品管理、穿戴、使用是否符合规定 7) 应急救援预案是否完善 8) 是否有其他物的不安全状态、人的不安全行为 9) 隐患是否已整改		

3. 安全教育与安全培训

要搞好企业安全教育，实现教育目的，必须建立、健全一整套安全教育制度，其中包括三级安全教育、特种作业人员安全教育、复工安全教育、安全技术管理干部和安全员教育、中层以上干部安全教育、班组长安全教育、工人复训安全教育等制度，以及安全教育管理制度。

（1）三级安全教育　三级安全教育制度是企业安全教育的基本制度。教育对象是新进厂人员，包括新进厂的工人、干部、学徒工、临时工、合同工、季节工、代培人员和实习人员。三级安全教育指厂级安全教育、车间安全教育和班组安全教育。三级安全教育的主要教育内容见表3-17。

表3-17　三级安全教育的主要教育内容

三级教育	组织部门	主要教育内容
厂级安全教育	由厂安全技术部门会同教育部门组织进行	有党和国家安全生产方针、政策及主要法规、标准，各项安全生产规章制度及劳动纪律，企业危险作业场所安全要求及有关防灾、救护知识，典型事故案例的介绍，伤亡事故报告处理及要求，个体防护用品的作用和使用要求，其他有关应知应会的内容
车间安全教育	由车间主任会同车间安全技术人员进行	本车间生产性质、特点及基本安全要求，生产工艺流程、危险部位及有关防灾、救护知识，车间安全管理制度和劳动纪律，同类车间伤害事故的介绍
班组安全教育	由班组长会同安全员及带班师傅进行	有班组工作任务、性质及基本安全要求，有关设备和设施的性能、安全特点及防护装置的作用与完好要求，岗位安全生产责任制度和安全操作规程，事故苗头或发生事故时的紧急处置措施，同类岗位伤亡事故及职业危害的介绍，有关个体防护用品的使用要求及保管知识，工作场所清洁卫生要求，其他应知应会的安全内容

（2）日常安全教育　工厂所有员工都必须接受安全教育，尤其是新员工，应实施三级安全教育。班组安全教育的重点是岗位安全基础教育，主要由班组长和安全员负责，安全操作法和生产技能教育可由安全员、培训员负责，授课时间为4~8学时。班组安全教育主要包括以下内容：

1）本班组的生产特点、作业环境、危险区域、设备状况、消防设施等。重点介绍高温、高压、易燃易爆、有毒有害、腐蚀、高空作业等可能导致事故发生的危险因素，讲解本班组容易出事故的部位和典型事故案例。

2）讲解本岗位使用的机械设备、工具的性能，防护装置的作用和使用方法；讲解本工种的安全操作规程和岗位责任，重点讲思想上应时刻重视安全生产，自觉遵守安全操作规程，不违章作业，爱护和正确使用机器设备和工具；介绍各种安全活动以及作业环境的安全检查和交接班制度；告诉新员工发生事故时的注意要点，强调出现安全问题应及时向上级报告，并学会如何紧急处理险情。

3）讲解如何正确使用、爱护劳动保护用品和文明生产的要求。要强调机床转动时不准戴手套操作；高速切削时要戴保护眼镜；女工进入车间要戴好工作帽；进入施工现场和登高作业，必须戴好安全帽、系好安全带等。

4）实行安全操作示范。组织有经验的老员工进行安全操作示范，边示范、边讲解。重点讲安全操作要领，说明怎样操作是危险的、怎样操作是安全的，不遵守操作规程将会产生什么后果等。

日常安全生产教育的形式有多种,可以根据具体情况进行安全教育,具体如图3-19所示。

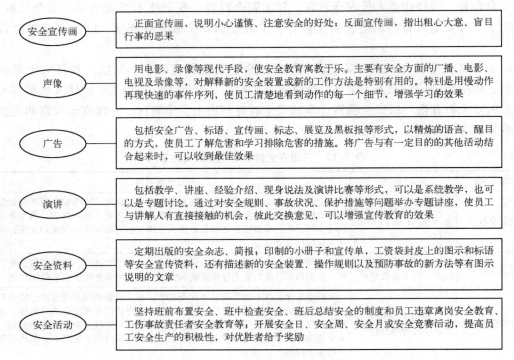

图3-19 日常安全教育方法

(3) 特种作业人员安全教育 在企业的生产中存在着一些特殊的作业岗位。特种作业人员安全教育制度是保护这部分人员生命安全的一项重要制度,其特种作业人员涉及以下范围:①电工作业;②金属焊接、切割作业;③起重机械作业;④企业内机动车辆驾驶;⑤登高架设作业;⑥锅炉作业(含水质化验);⑦压力容器作业;⑧制冷作业;⑨爆破作业;⑩矿山通风、排水、提升运输、安全检查和救护作业;⑪采掘作业;⑫危险物品作业;⑬经国家批准的其他作业。

特种作业人员的安全教育,一般采取按专业分批集中脱产、集体授课的方式。根据不同工种、专业的具体特点和要求制定教育内容,并要建立"特种作业人员安全教育卡"档案。特种作业人员必须接受与本工种相适应的、专门的安全技术培训,经国家规定的本工种安全技术理论考核和实际操作技能考核合格,并取得特种作业操作证后,方可上岗作业。未经培训或培训考核不合格者,不得上岗作业。按照有关规定,取得操作证的特种作业人员,除机动车辆驾驶员和机动船舶驾驶员、轮机操作人员按国家规定执行外,其他特种作业人员按国家规定定期履行复审手续,即每隔两年需复审一次。复审内容包括本作业的安全技术理论和实际操作、体格检查、对事故责任者的检查等。

【例3-7】化工设备检查和修理正反例

(1) 某化工厂机修班烧焊冷凝器事故 某化工厂机修班张强和余伟两人在烧焊时,在没有准备灭火器的情况下，不按操作规程要求在烧焊区域对其先泼水形成隔离带，导致溅出的火星将冷凝器中的漏油燃烧起来，且两人在情急之下又未能正确使用消防水枪，以致在水压过大的情况下消防水管爆裂无法灭火。结果火势很快上升，在很短的时间内使周围的冷凝塔烧穿，造成经济损失 15 万元以上。这件事情不但让他们自己遭到工厂的除名，还连累了他们的班长。

（2）某化工厂有效避免换热器泄爆 一个节假日的晚上，某化工厂质检部李志勇班长接到电话，马上赶到工厂。催化工段的一个换热器泄漏，需要进行测爆。李班长在车间就把测爆仪校准好了，然后迅速赶往现场。

当他在换热器芯子的一侧测爆时，仪器显示合格。这时，车间值班负责人就要求李班长给他们开单子，说："这已经很晚，差不多就行了。"李班长心想："这么大的换热器，如我少测几点，造成测不到位那可要死人的。"果然，当李班长测另一面时测爆仪就"呜呜"地响，显示可燃气超程。

李班长忠于职守，避免了一起事故的发生，保证了同事的人身安全。

4. 安全生产检查

安全生产检查是工厂安全生产的一项基本制度，也是安全管理的重要内容之一，有利于检查和揭露不安全因素以及预防和杜绝工伤事故。安全检查可分为日常性检查、综合性大检查、专业性检查、季节性检查、节假日前后的检查和不定期检查，如图 3-20 所示。

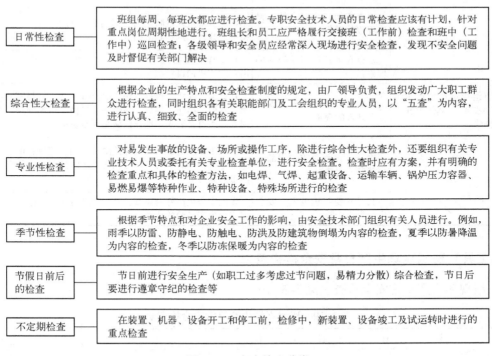

图 3-20 安全检查分类

安全检查的内容见表 3-18。

表 3-18 安全检查的内容

安全检查的项目	具体检查内容	举例
检查班组成员是否树立了"安全第一"的意识	安全责任心是否够强	对安全生产工作的认识正确,掌握了安全操作技能和自觉遵守安全技术操作规程以及各种安全生产制度,对于不安全的行为敢于纠正和制止,严格遵守劳动纪律,做到安全生产;合理穿戴和使用个人防护用品、用具
检查班组是否贯彻了国家有关安全生产的政策和法规	是否建立和执行了班组安全生产责任制	贯彻执行了安全生产"五同时",对伤亡事故坚持做到了"三不放过",特种作业人员经过培训、考核、凭证操作,班组的各项安全规章制度建立、健全,并严格贯彻执行
检查生产现场是否存在物的不安全状态	检查设备的安全防护装置是否良好	防护罩、防护栏(网)、保险装置、连锁装置、指示报警装置等是否齐全、灵敏、有效,接地(接零)是否完好;制动装置是否有效;超重吊具与绳索是否符合安全规范要求
	检查设备、设施、工具、附件是否有缺陷	设备是否带"病"运行或超负荷运行;电气线路是否老化、破损
	检查易燃、易爆物品和剧毒物品的储存、运输、发放和使用情况	是否严格执行了制度,通风、照明、防火等设备、设施是否符合安全要求
	检查生产作业场所和施工现场有哪些不安全因素	有无安全出口,登高扶梯、平台是否符合安全标准,产品的堆放、工具的摆放、设备的安全距离、操作者安全活动范围、电气线路的走向和距离是否符合安全要求,危险区域是否有防护栏和明显标志等
检查班组成员在生产过程中是否存在不安全行为和不安全的操作	检查有无忽视安全技术操作规程的现象	操作无依据、没有安全指令、人为地损坏安全装置或弃之不用,冒险进入危险场所,对运转中的机械装置进行注油、检查、修理、焊接和清扫等
	检查有无违反劳动纪律的现象	在工作时间嬉戏、打闹、精力不集中,脱岗、睡岗、串岗;滥用机械设备或车辆等。
	检查日常生产中有无误操作、处理的现象	在运输、起重、修理等作业时信号不清、警报不鸣;对重物、高温、高压、易燃、易爆物品等做了错误处理;安全与绳索是否符合要求;操作区域是否有防护栏
	检查个人劳动防护用品的穿戴和使用情况	进入工作现场是否正确穿戴防护用品、用具;电工、电焊工等电气操作者是否穿戴过期的绝缘防护用品,使用过期的防毒面具等
	及时发现并积极推广安全生产先进经验	发现安全生产好的典型,并对其进行宣传、推广,掀起学习安全生产经验的热潮

【实用工具】班组现场生产日常安全检查表

班组现场生产日常安全检查表见表 3-19。

表 3-19 班组现场生产日常安全检查表

检查内容\结果	日期	_日		_日		_日		_日		_日		_日	
		上午	下午	上午	下午	上午	下午	上午	下午	上午	下午	上午	下午
机械危险部位是否有安全防护装置													

(续)

检查内容 \ 结果 \ 日期	__日		__日		__日		__日		__日		__日		__日	
	上午	下午	上午	下午	上午	下午	上午	下午	上午	下午	上午	下午	上午	下午
是否按照安全指令进行操作，安全进入危险场所														
电气线路的走向和距离是否符合安全要求														
危险区域是否有护栏和明显标志														
生产作业场所是否有安全出口，登高扶梯、平台是否符合安全标准														
易燃、易爆物品和剧毒物品的储存、运输、发放和使用是否严格按照制度执行														
通风、照明、防火等是否符合安全要求														
是否确保无忽视安全技术操作规程的现象														
是否对运转中的机械装置进行注油、检查、修理、焊接和清扫														
是否确保无违反劳动纪律的现象														
是否确保生产中无失误操作、错误处理的现象														
是否对重物、高温、高压、易燃、易爆物品等做正确处理														
是否确保不使用有缺陷的工具、器具、超重设备、车辆等														
进入工作现场时是否正确穿戴防护用品														
设备是否在负荷范围内运转														
设备、设施、工具、附件是否有缺陷														
动力切断器和起动器发生故障时，是否采取应急措施														

(续)

检查内容 \ 日期 \ 结果	__日 上午	下午	__日 上午	下午	__日 上午	下午	__日 上午	下午	__日 上午	下午	__日 上午	下午	__日 上午	下午
对容易发生火灾爆炸危险的操作,是否采取了隔离措施														
是否有防止急剧反应和制止急剧反应的措施														
人力搬运是否符合法令和公司内部的规定														
操作人员对危险物质的处理是否正确														
地面是否有脏乱、油污等状况														
货物摆放是否整齐、平稳、不超高														

说明:

请根据检查情况在"结果"栏内打"√"或"×",有问题及时整改,并做好记录,如无法整改的要立即向部门主管报告,直到问题解决为止。

部门安全员:　　　　　班组负责人:　　　　　检查人:

5. 生产现场安全的控制和作业管理基本技巧

(1) 安全目视管理　安全色的含义及用途见表3-20。

表3-20　安全色的含义及用途

颜色	含义	用途举例	图示
红色	禁止 停止	禁止标志 停止信号:机器、车辆上的紧急停止手柄或按钮,以及禁止人们触动的部位	禁止标志 高毒、放射工作场所
	防火	—	
蓝色	指令,必须遵守的规定	指令标志:如必须佩戴防护用具,道路上指引车辆和行人行驶方向的指令	戴防毒面具 气体急性中毒的作业场所
黄色	警告、注意	警告标志 警戒标志:如厂内危险机器和坑池周围引起注意的警戒线、行车道中线	噪声有害 有噪声危害的作业场所

(续)

颜色	含义	用途举例	图示
绿色	提示安全状态通行	提示标志：如车间内的安全通道上要有提示标志	直行紧急出口 应急撤离通道

（2）安全实施　安全标志实施内容及其作用，见表 3-21。

表 3-21　安全标志实施内容及其作用

安全标志	实施内容及其作用
安全标语	在工厂的各个地方张贴安全标语，提醒大家注意安全，降低意外事件的发生率
标准作业看板	通过标准作业看板，给员工一些安全的示范，避免意外事件的发生
安全图画与标示	生产作业现场内，有一些地方，如机器运作半径的范围内、高压供电设施的周围、物品的存放场所等，规划为禁区，予以警示
画上"老虎线"	在某些比较危险但人们又容易疏忽的区域或通道的地面画上"老虎线"（一条一条黄黑相间的斑纹线），提醒员工注意自身的安全
限高标示	厂房内搬运的高度是设限在 5m 内，在通道旁的墙壁从地面上算起 5m 的地方，画上一条红线或在通道设置防撞拦网
急救箱	在急救箱上会有一个很明显的红十字明确的标示，能很容易被找到

（3）实现机械安全的方法　机械设备安全应考虑其使用的各个阶段，包括设计、制造、安装、调整、使用（设定、示教、编程或过程转换、运转、清理）、查找故障和维修、拆卸及处理，还应考虑机械的各种状态，包括正常作业状态、非正常状态和其他一切可能的状态。

决定机械产品安全性的关键是设计阶段采用安全的措施。根据不同阶段采用不同的安全措施：

1）由设计者采取的安全措施。由设计者采取的安全措施包括：①本质安全技术；②安全防护；③使用文字、标记、信号、符号或图表等信息进行具体说明，并提出警告；④附加预防措施。

2）由用户采取的安全措施。由用户采取的安全措施包括：①个人劳动防护用品；②作业场地与工作环境的安全性；③安全管理措施，包括对人员的安全教育和培训。

设备管理中实施安全内容有：①设备本身要安全，应具有自动防错与防误功能，综合考虑了人—机系统的适宜性；②配备必要的防护装置，如安全保护装置、关键器件的监控措施、关键状态的检测器件、异常情况的报警和防护器；③要修订和完善规章制度和管理软件，以便实现持续控制；④预防保养和维护等设备管理工作必须要与生产实际相配套，严禁设备带"病"工作；⑤对维修无效和使用期已满的设备实施报废处理。

（4）实现电力安全的方法

1）电气安全用具的种类。

① 起绝缘作用的安全用具，如绝缘夹钳、绝缘杆、绝缘手套、绝缘靴和绝缘垫等。

② 验电或测量用的携带式电压和电流指示器，如验电笔、钳型电流表等。

③ 防止坠落的登高作业安全用具，如梯子、安全带、登高板等。
④ 检修时安全用具，如临时接地线、遮栏、指示牌等。
⑤ 其他安全用具，如防止灼伤的护目眼镜等。
2）电气安全用具保管制度。
① 存放用具的地方要干净、通风良好、不堆放任何杂物。
② 凡为橡胶制品的用具，不可与油类接触，以免损伤。
③ 绝缘手套、靴、夹钳等，应存放在柜内，使用中防止受潮、受污等。
④ 绝缘棒应垂直存放；验电器用过后应存放于盒内，并置于干燥处。
⑤ 无论任何情况，电气安全用具均不可作为他用。
3）在带电的低压配电柜内工作，应当采取防止相同短路和单相接地的隔离措施。

【实用工具】各类安全标示具体内容和范例

各类安全标示具体内容和范例如图 3-21 所示。

图 3-21 各类安全标示

【例 3-8】压力机的安全保障设置

【现状】员工作业时，左手将冲压零件放入夹具中，右手按下起动键使冲头下降冲制零件。

单键起动设备时，由于员工为了赶产量或精神疏忽，左手取放工件时未及时离开运动区域，右手即已按下起动键，导致气缸下降把手压伤。虽已对员工进行过多次教育，但事故仍然重复发生，有时一周要发生三次事故。

【改善方法】

1）采用联锁式防护罩（见图 3-22）。将带有防护罩门的杠杆通过螺栓铰接在压力机的机身上，踩动踏板，通过防护罩拉杆带动罩门下降，只有下降到安全位置（操作者手不能进入危险区）时，才可能通过离合器联锁装置带动离合器拉杆，使离合器接合并完成冲压。

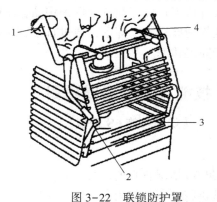

图 3-22　联锁防护罩
1—防护罩控制器　2—工具安装器解开的拉把　3—防护罩门　4—离合器联锁

2）采用内外摆动式防护栅栏（见图 3-23）。当滑块向下运动时，栅栏就由里向外摆出，从而将危险区遮住或将操作人的手推出；当滑块上升时，栅栏由外向里运动，让开工作区，这时操作人员才可以进行送料操作。

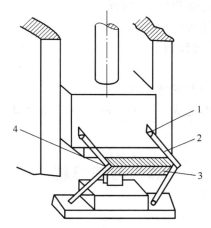

图 3-23　防护栅栏保护装置
1—固定铰链　2—支杆　3—防护栅栏　4—活动铰链

【改善效果】通过安全装置，杜绝了人手被气缸压伤的安全事故，消除了员工的心理负担，保障了生产顺利进行。

本 章 小 结

6S 管理就是指对生产现场各生产要素所处的状态，不断地进行整理、整顿、清扫、清洁，以提高素养的活动。企业推行 6S 管理可以达到提高工作和生产效率，改善产品的品质，保障企业安全生产，降低生产成本，提高企业经济效益，缩短生产周期以确保交货期，改善员工的精神面貌和提高企业的形象等目的。

企业安全生产管理坚持"安全第一、预防为主"的方针，实行安全生产责任制。人与设备联合作业是现代工业生产的主要特点。要确保作业安全，首先要消除设备安全隐患，使设备处于安全状态；其次，要教育员工正确穿戴劳动保护用品，正确使用和维护设备，按章作业，避免安全事故。利用目视管理展示安全警示，通过日常安全检查，实施安全防护改善和危险源改善，使安全管理处于完善状态。

技能实训与实践项目

【如何实施6S管理】

1. 实训目标

1) 培养学生现场观察和收集6S情况资料的能力。
2) 培养学生对现场6S现状进行分析的能力。
3) 培养学生提出改进6S方案的能力。

2. 实训内容与要求

1) 去实训基地或实践企业生产现场观察6S现状。
2) 调查实训基地或实践企业现场6S存在的问题。
3) 分析实训基地或实践企业现场6S的资料。
4) 根据所学知识提出改进6S方案。
5) 按现场6S方案提出实施计划。

3. 成果与检测

1) 提交实训基地或实践企业现场6S的现状资料。
2) 检查学生提出的实训基地或实践企业6S改进方案及其实施计划。
3) 教师评估。

思考与练习题

一、单项选择题

1. 工作台面物料杂乱摆放需要（　　）。
   A. 整理　　　　　　B. 整顿　　　　　　C. 清扫　　　　　　D. 清洁
2. 如果同一箱内有不合格品和合格品混放在一起，则需要（　　）。
   A. 整理　　　　　　B. 整顿　　　　　　C. 清扫　　　　　　D. 清洁
3. 整理主要是排除（　　）浪费。
   A. 时间　　　　　　B. 工具　　　　　　C. 空间　　　　　　D. 包装物
4. 公司的6S应该是（　　）。
   A. 6S是日常工作的一部分，靠大家持之以恒做下去
   B. 第一次有计划地大家做，以后靠干部做
   C. 做4个月就可以了
   D. 车间做就行了

5. 6S理想的目标是（　　　）。
　　A．人人有素养　　　B．地、物干净　　　C．工厂有制度　　　D．生产效率高
6. 6S与公司及员工的（　　　）有关。
　　A．提高公司形象　　　　　　　　　　　B．增加工作时间
　　C．增加工作负担　　　　　　　　　　　D．安全有保障
7. （　　　）是生产经营单位各项安全生产规章制度的核心，是生产经营单位行政岗位责任制和经济责任制度的重要组成部分，也是最基本的职业安全健康管理制度。
　　A．安全生产责任制　　　　　　　　　　B．安全技术措施
　　C．消除危险源　　　　　　　　　　　　D．安全生产培训
8. 安全生产管理内容包括（　　　）等。
　　A．安全生产责任制　　　　　　　　　　B．安全生产策划
　　C．安全培训教育　　　　　　　　　　　D．安全生产档案
9. 所谓（　　　），就是在生产经营活动中，在处理保证安全与生产经营活动的关系上，要始终把安全放在首要位置，优先考虑从业人员和其他人员的人身安全，实行"安全优先"的原则。
　　A．"安全第一"　　　　　　　　　　　　B．"预防为主"
　　C．"措施得当"　　　　　　　　　　　　D．"监督管理"

二、填空题
1. 5S法即整理、整顿、清扫、（　　　）、素养。
2. 整理就是把（　　　）物品与（　　　）物品区分开来，把不要的物品坚决丢弃。
3. 整顿就是把留下来的有用的物品按（　　　）位置摆放整齐，做好（　　　）。
4. 素养即要求我们日常工作生活遵守（　　　）做事，比如按时上班、按工装图装配等。
5. 区分工作场所内的物品为"要的"和"不要的"，属于（　　　）。
6. 企业安全生产管理坚持"（　　　）、预防为主"的方针，实行（　　　）责任制。
7. 安全生产教育一般包括思想、法规和（　　　）三项主要内容。

三、判断题（正确的打"√"，错误的打"×"）
1. 6S管理可以通过经常整理、清洁我们的工作环境，使员工养成做事有责任心的习惯。　　　　　　　　　　　　　　　　　　　　　　　　　　　　　　　　　　　　（　　）
2. 实施6S法的过程中，可以把私人物品挂在工作台上。　　　　　　　　　　　（　　）
3. 安全是生产的前提，确保生产安全是经营者和管理者的责任和义务。　　　　（　　）
4. 物料堆放超出通道是不违反6S要求的。　　　　　　　　　　　　　　　　　（　　）
5. 把常用的工具，放在离自己最近的地方，这是整顿的内容。　　　　　　　　（　　）
6. 天天坚持清扫自己的责任区是维持清洁的有效办法。　　　　　　　　　　　（　　）
7. 安全生产教育的主要形式有"班组安全教育""特殊工程教育"和经常性的"安全宣传教育"等形式。　　　　　　　　　　　　　　　　　　　　　　　　　　　　　（　　）
8. 6S教我们从日常工作、生活的一点一滴中改变坏习惯。　　　　　　　　　　（　　）
9. 安全警示标志包括设备警示标志、有害的化学物品警示标志和重物搬运岗位作业警

示标志。( )

四、简答题

1. 如何理解"6S 现场管理"在企业管理中的位置？
2. 实施 5S 法有哪些工具与方法？
3. 安全生产责任制的实质是什么？
4. 什么是三级安全教育？
5. 如何识别不安全的状态，并采取补救措施？

第4章 工业工程（IE）方法

学习目标

- 了解工业工程的定义、特点。
- 了解工业工程知识体系和方法。
- 掌握动作分析和动作改善方法。
- 掌握动作经济原则和 ECSR 原则实施作业改善的基本要点。
- 掌握程序分析分类和要点。

4.1 工业工程（IE）概述

4.1.1 IE 的概念

工业工程（Industrial Engineering，IE）是一门能够有效地运用人力资源和其他各种生产资源的管理技术。

IE 是与由人员、物料、信息、装备和能源组成的集成系统的设计、改进和设置相关的学科，它利用了数学、物理学和社会科学，连同工程分析与设计的原理与方法一起组成的专门知识和技能，确定、预测和评价从这一集成系统获得的结果。IE 是一门改善的技术和方法，它能充分利用各种生产资源，排除工作中的不经济、不平衡和不合理现象，使企业能够更加顺畅、快捷、低成本地生产高质量的产品，更好地为客户提供服务。

4.1.2 IE 的特点和方法

IE 是实践性很强的应用学科，国外 IE 应用与发展情况表明，各国都可根据自己的国情（如社会文化传统、技术与管理的体制和水平等）形成富有自己特色的 IE 体系，甚至名称也可不尽相同。例如，日本从美国引进 IE，经过半个多世纪的发展，形成了富有日本特色的 IE，即把 IE 与管理实践紧密结合，强调现场管理优化；而美国则更强调 IE 的工程性。然而，无论哪个国家的 IE，尽管特色不同，其本质都是一致的。所以，弄清 IE 的本质，对于建立符合我国国情的 IE 学科体系具有重要意义。

1）IE 的核心是降低成本、提高质量和生产率。

2）IE 是综合性的应用知识体系，把技术（制造技术、工具和程序）与管理（人和其他要素的改善管理与控制）有机地结合起来。常用的 IE 方法如图 4-1 所示。

3）注重人的因素是 IE 区别于其他工程学科的特点之一。IE 为实现其目标，在进行系统设计、实施控制和改善的过程中，都必须充分考虑到人和其他要素之间的关系和相互作用，从操作方式、工作站设计、岗位和职务设计直至整个系统的组织设计，IE 都十分重视研究人的因素，包括人—机关系；环境对人的影响（生理和心理等方面）；人的工作主动性、积极性和创造性、激励方法等，寻求合理配置人和其他因素，建立适合人的生理和心理特点的机器和环境系统，使人能够发挥能动作用，达到在生产过程中提高效率，安全、健康、舒适地工作，并能最好地发挥各生产要素的作用。

4）IE 的重点是面向微观管理，从工作研究、作业分析、动作和微动作分析，到研究制定作业标准，确定劳动定额；从各种现场管理优化，到各职能部门之间的协调和改善管理等，都需要 IE 发挥作用。

5）IE 是系统优化技术，对各种生产资源和环节做具体的研究、统筹分析、合理的配置；对各种方案做定量化的分析比较，寻求最佳的设计和改善方案，最终追求的是系统整体效益最佳（少投入、多产出）。

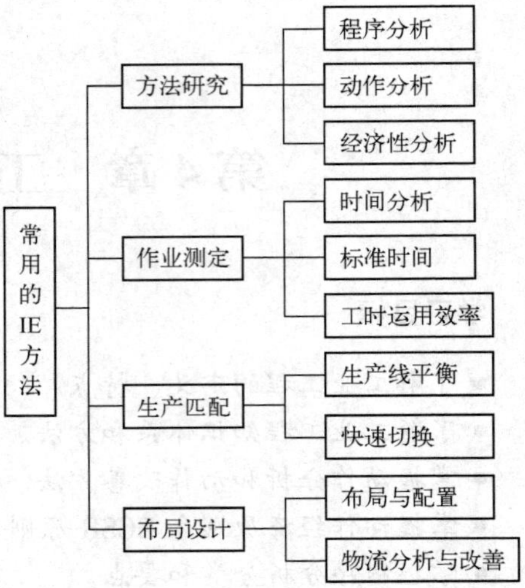

图 4-1 常用的 IE 方法

4.2 程序分析

4.2.1 概述

1. 程序分析的定义、对象和目的

程序分析是以产品的整个制造过程为研究对象的一种系统分析技术，它按作业流程从第一道工序至最后一道工序，从第一个工作地到最后一个工作地，从材料入厂到成品出厂的全过程分析。程序分析采用规定的符号对研究对象从原材料投入到产品出厂的全过程进行记录，从而有效地发现现有流程的问题，进而探求一个最佳的工作程序，能以此工作最低的消耗（劳动力、成本、物质等）获得最佳的效益（效率、质量、利润、生产周期等）。

2. 程序分析常用符号

程序分析的工作流程一般由五种基本活动构成，即操作、搬运、检验、等待和存储。为了能清楚地表示任何工作的程序，制定出五种符号以分别表示操作、搬运、检验、等待和存储这五种基本活动，见表 4-1。

表 4-1 程序分析的基本记录符号

工序名称	符号名称	符　　号	符号表示的内容	示例说明
操作	操作	○	表示原料、零件或产品，依其作业目的而发生物理或化学变化的状态，增加其价值的活动	机加工、搅拌、打字等都属于操作
搬运	搬运	⇨	表示原料、零件或产品从一处向另一处移动的活动	物料的运输、操作工人的移动

(续)

工序名称	符号名称	符 号	符号表示的内容	示例说明
检验	数量检验	□	表示将目的物与标准物进行对比，并判断是否合格的过程	对照图样检验产品的加工尺寸、检查设备的正常运转情况等
	质量检验	◇		
等待	储存	▽	表示原料、零件或产品，不在操作或检验状态而是处于储存或停滞状态（预定的下一工序未能立即发生而产生的暂时的、不必要的停留）	物料在某种授权下存入仓库
	停滞	D		前后两道工序间处于等待的工作、零件等；等待开箱的货箱

4.2.2 程序分析的分类和特点

根据程序分析种类不同，可分为四种分析方法，如图4-2所示，即以产品工艺为中心的产品工艺分析；以办公流程、手续流程和账本流程研究为中心的业务流程分析；以人为中心的作业流程分析；以操作者与机械之间或多名操作者之间的作业程序为对象的联合作业分析，还可以继续细分为人机作业分析和共同作业分析等。

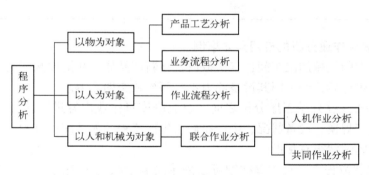

图4-2 程序分析分类

为了更好地理解和区分这四种分析方法，了解各分析方法的目的、工序特征和优缺点，将各种分析方法进行了归纳总结，见表4-2。

表4-2 程序分析方法对比表

方法	目的	作用	工序特征	优缺点
产品工艺分析	产品的生产工艺流程合理化	• 调查原材料、零件、在制品等的加工、搬运、检查、停滞情况 • 分析加工、搬运、检查、停滞等动作有没有浪费 • 针对以上四个方面制定合理可行的改善方案	多人通过多台机器制造同一产品的工艺过程	• 可适用于任何产品加工工序的分析，与工序管理图对照时更易于分析 • 作业者的动作不明确

(续)

方　法	目　的	作　用	工序特征	优　缺　点
业务流程分析	• 加快信息传递速度，提高业务效率 • 为企业获取最大的经济效益 • 最大限度提升顾客满意度	• 使业务工作标准化 • 使信息传递快速化、准确化 • 去除多余的表单文件，减少无效的事务工作	跨部门多人连续业务，部门本位主义普遍出现	• 业务流程与相互关系明了，责任清晰体现，管理标准化 • 时间关系不够明了，标准化较困难，受特权文化影响严重
作业流程分析	• 优化作业者的作业流程 • 作为流程改善的基础数据使用	• 明确各工序的作业内容、作业顺序、作业目的 • 根据收集的资料进行设备的合理配置	一人通过不同的机械和工具，在几个作业区之间加工、制造多个产品	• 易发现作业者的多余动作，作业者对作业方法的改善更有效 • 因作业者不同而结果有所差异，必须紧随作业者方可观察其行动
联合作业分析	• 理顺人与机械、人与人之间的关系 • 消除作业人员在生产中的浪费，从而使生产效率得到根本性提升	• 消除设备在生产过程中空转的浪费，提高设备利用率 • 使人和机器的作业负荷均衡 • 在生产初期，可作为合理分配工作任务的依据 • 为现有设备的改造提供依据	一人一机与一人多机、多人一机、多人共同作业的分析方法	• 明确彼此之间的时间关系及空闲时间清楚明了，明确人与机械的运转状态 • 彼此之间没有时间关系的情况，因时间精度分析问题，难以使用

【例 4-1】联合作业分析的应用具体事例

在某机械公司的机械加工车间，某机械设备在新产品导入初期预测其能力是充足的，但是在转入大批量生产后，经常因其设备能力不足而导致交期延迟。

（1）现状调查　在开始工序分析之前，企业应该对作业内容进行认真仔细的调查，包括生产状况、生产规模、设备状况、生产布局、生产流程、人员配备等的实际状况，它们对了解各工序之间的现状很有帮助。

（2）绘制现状流程表　在改善初期可以采用绘制现状流程表的方式，从中发现工作中存在的人机配合问题。表 4-3 所列为该设备加工的流程现状。从表中发现该工序的稼动率非常低，每一个生产周期都有 62.9% 的时间在发生空转，作业人员在生产过程中等待的时间过长，同样占总时间的 62.9%，存在着严重的浪费现象。因此，必须进行改善。

表 4-3　联合作业分析表（改善前）

工　序	作 业 人 员		机　　器	
	作业内容	时间/min	作业内容	时间/min
	准备零件	2.5	等待	2.5
	安装零件	1.5	被装上零件	1.5
	等待	5	加工	5
	卸下零件	1.5	被卸下零件	1.5
	检查、修整、放零件	3	等待	3
稼动率	62.9%		62.9%	

（3）制定改善方案　仍以表4-3为例，从已发现的问题中，针对人员、机器、物料、方法、环境等方面对该问题分析后发现：在整个13.5 min的作业过程中，人和机器都有近5 min的等待时间。也就是说，原计划日产80台，现在却只能生产48台。这就是稼动率低下的原因，也是我们改善的关键点。

由此，制定的改善方案是：作业人员在等待机器加工（5 min）时，可以对上一个零件进行整修、检查、放置（2 min）和做下一个零件的准备工作（1.8 min），然后进行下一个零件的安装加工。这样便可以消除工作中的不合理等待时间。

（4）绘制理想的作业流程表　为了能够更直观反映改善后的变化，制作改善方案的分析表，见表4-4。从表中可以看到，加工零件的周期时间由原来13.5 min缩短至现在的8.5 min，设备的利用率达到了100%，作业人员的效率也提高到了96.5%。

表4-4　联合作业分析表（改善后）

工序	作业人员		机器	
	作业内容	时间/min	作业内容	时间/min
	安装零件	1.5	被装上零件	1.5
	检查、修整、放零件	3	加工	5.2
	准备零件	2.5		
	卸下零件	1.5	被卸下零件	1.5
利用率	96.5%		100%	

（5）改善方案标准化　实施改善方案后，应该及时地进行整理、完善，并将方案标准化，以防止因作业人员的流动而导致好的作业方法流失。

4.3　动作分析

工序作业是由多个动作复合而成的，通过动作分析进行动作改善是工序作业改善的重要方法。动作的三个要素是：动作方法、作业场所和机器（夹具）。动作分析是在作业流程决定后，对人的各种动作进行细微的分析，通过简化或消除工作中不必要的动作，设定较好的动作顺序或组合方法，以寻求省力、省时、安全和经济有效的动作。

4.3.1　动作分析的目的

1）设计、改进能减轻疲劳程度而又安全的作业系统。通过删去不合理的动作和多余的动作，把必要的动作很好地组合起来，排列成序，使操作更安全，更能减轻疲劳，更经济有效。

2）简化操作。把操作复杂的动作进行分解，以组成更容易的动作。

3）对机器和工艺装备进行选择和改进。为完成容易而准确的动作，要创造各种必要的条件，特别是选择合适的工艺装备（以下简称"工装"）和机器，使之与人的动作相适应。

4）努力发现闲余时间，删去不必要的动作，减少不必要的操作量，为工作测量提供准确的计算资料。

5）确定动作的理想顺序，为制定作业标准提供资料。

4.3.2 动作分析的类别和步骤

1. 动作分析方法分类

动作分析方法按精确程度不同，分为下列几种：

（1）目视动作分析　通过对操作者左右手的动作进行观察，并用一定的符号按动作顺序如实地记录下来，然后进行分析，提出改进操作的意见。由于每项动作的时间都很短，目视动作分析一般只适用于比较简单的操作活动。

（2）影像动作分析　使用摄影设备将各个操作动作拍摄下来，然后放映，进行分析。它不仅可以记录人的全部操作活动，而且事后可以根据分析的需要反复再现。因此，影像分析是一种常见、有效的研究方法。

（3）动作要素分析　将人在作业中的动作分解为最基本的动作单位（动作要素），然后加以逐项分析，以获得较高效率的工作方法。

2. 动作分析的四个步骤

1）观察和记录作业动作，将作业动作分解成若干个动作要素。

2）动作价值分析。根据动作要素对工序作业的贡献进行分类，根据价值判断发现动作浪费。

3）消除动作浪费，优化动作。对于无价值的动作要素，应尽量消除；对于有价值的动作要素，应尽量使之做得更轻松、更快、更好。

4）重新编排岗位作业。根据改善的动作设定优化后的标准动作，使岗位作业更顺畅、有效。

3. 动作要素及其分类

研究发现，工业生产中员工作业常用的动作要素（简称动素）有 18 种（见表 4-5），根据其对岗位作业的贡献可分为 A、B、C 三类，即有效动素、辅助动素和消耗性动素三类。

表 4-5　工序作业中常用的 18 种动作要素

分　类	序　号	动素名称	缩　写	形象符号	说　明
有效动素	1	伸手（Transport Empty）	TE	⌒	空手移动接近或离开目标
	2	握取（Grasp）	G	∩	用手指握住目的物
	3	移物（Transport Loaded）	TL	⌒	手持物从一处移至另一处
	4	放手（Release Load）	RL	⌒	从手中放下目的物
	5	装配（Assemble）	A	#	将两个以上目的物组合起来
	6	使用（Use）	U	U	使用工具或手进行操作
	7	拆卸（Disassemble）	DA	++	分解两个以上的目的物
辅助动素	8	寻找（Search）	SH	⊙	用视觉等感官确定目的物的位置
	9	选择（Select）	ST	→	从许多目的物中选取一件
	10	定位（Position）	P	9	将物体放置于所需的正确位置
	11	预定位（Pre-Position）	PP	8	定位前先将物体安置到预定位置
	12	检验（Inspect）	I	○	将目的物与规定标准进行比较

(续)

分 类	序 号	动素名称	缩 写	形象符号	说 明
辅助动素	13	持住（Hold）	H	∩	手握物并保持静止状态
辅助动素	14	发现（Find）	F	◎	发现东西时眼睛的形状
消耗性动素	15	计划（Plan）	PN	⚑	决定下一操作步骤所做的思考
消耗性动素	16	迟延（Unavoidable Delay）	UD	◇	不可避免的停顿
消耗性动素	17	故延（Avoidable Delay）	AD	⌣	可以避免的停顿
消耗性动素	18	休息（Rest）	R	⸸	因为疲劳而停止工作，以便再恢复

4. 动作改善方法及操作要点

动作改善的基本原则是使动作更加经济，即可以用更少的、更好的动作达到工序作业要求，使员工作业时做得更轻松、更快、更安全、更节省，效果更好。

（1）三大类动作要素的改善方向　根据动作要素的价值分类，对于A、B和C三大类动作要素采取不同的改善方向（见表4-6）。

表4-6　三大类动作要素的改善方向

类 别	类别名称	特 点	改善方向
A	有效动素	进行工作所必要的、能使工作有效推进的动作要素，又称为增值性动素	A类动作能使工作有效推进，应使之更轻松
B	辅助动素	工作时有时必要，但又会消耗作业时间的动作要素	B类动作会造成工作延迟，应尽可能减少
C	无效动素	本身不能推进作业的动作要素，又称为消耗性动素	C类动作本身不能推进作业，应尽可能消除

（2）动作改善的三大方法及其操作要点　动作优化、减少（去除）和工装化是动作要素改善的三大方法，其具体操作要点见表4-7。

表4-7　动作改善的三大方法及其操作要点

改善重点	基本原则	操作要点
动作优化	1. 使肢体更加协调 2. 前后动作连接 3. 减少注意力	1. 使动作方向与作业进行方向一致 2. 合并、组合两个以上的动作要素 3. 用身体的不同部位代替手的动作 4. 尽可能多利用左手 5. 减少眼球的多余动作及不必要的判断 6. 提高自动化程度 7. 整理、整顿、定置、定位
减少（去除）	1. 减少每次的运动量 2. 减少动作次数 3. 去除不必要的动作	1. 利用重力及动力进行作业 2. 消除反重力方向的作业 3. 缩小作业范围 4. 多个工件同时作业 5. 合并动作要素 6. 适当利用工具消除某些动作要素
工装化	利用简单工具进行作业	1. 设计适当的工具用于作业 2. 改善工具形状、性能、精度使之更便于作业

（3）基本动作分析表的绘制要点　在动作分析表绘制的过程中，首先要准备好动作分析表，见表4-8。

表4-8　动作分析表

调查日期　　年　月　日

工序（工厂）名																	
产品名称																	
作业名称																	
分析者姓名																	
所属部门																	
部门																	

序号	要素作业	左手动作	基本动作记号			右手动作	备注（辅助说明改善目标）
			左手	眼	右手		

总括表	动作属性	第A类						小计	第B类					小计	第C类				小计	合计
	基本动作记号	⌒	⌒	↻	♯	⊥	∪	⊃		⊙	⊚	→	⌒	⊖	9	∘		ρ	⌒	⌐	⌐		
	左手																					
	右手																					
	眼																					

其次，在动作分析记录表的基础上，运用动作经济原则与ECRS原则，对动作过程进行分析，最后得到改善办法和效果。表4-9与表4-10为组装螺栓螺母作业的动作改善前后对照表，从中可见动作分析改善的基本路径与效果。

表4-9　组装螺栓螺母作业的动作分析（改善前）

序号	要素作业	左手动作	基本动作记号			右手动作
			左手	眼	右手	
1	取螺栓	向螺栓伸手	⌒	⊙⊚→	⌐	待工
2		抓住螺栓	⌒		⌐	待工
3		调整角度向前面移动	ρ+9		⌐	待工
4	取螺母	一直拿着螺栓	⌒	⊙⊚→	⌒	向螺母伸手
5		一直拿着螺栓	⌒		ρ+9	抓住螺母
6		一直拿着螺栓				调整螺母角度并移到前面
7	组装螺栓和螺母	把螺栓合上螺母	♯		♯	把螺母合上螺栓

表 4-10　组装螺栓螺母作业的动作分析（改善后）

序号	要素作业	左手动作	基本动作记号			右手动作
			左手	眼	右手	
1	取螺栓和螺母	向螺栓伸手	⌒	○○→	⌒	向螺母伸手
2		抓住螺栓	∩		∩	抓住螺母
3		调整螺栓角度移动到前面	⌒+9		⌒+9	调整螺母角度并移到前面
4	组装螺栓和螺母	组装螺栓和螺母	#		#	把螺栓合上螺母

4.3.3 动作经济分析

用科学、合理的动作和方法，借助必要的工具、夹具完成工序作业，使员工更轻松、更舒适、更快、更好，是工序作业改善的目标，也是现场制造效率改善的重要内容。

1. 动作经济原则

动作经济原则是动作改善的基本原则，适用于人的全部作业。动作经济原则是由吉尔布雷斯首创的，是通过对人体动作能力的研究，创立的一系列能最有效发挥人的能力，同时使作业者疲劳度最小，动作迅速、容易、有效的动作设计和改善原则。

动作经济原则归纳为10条：①双手的动作应同时而且对称。②人体的动作应以尽量应用最低级而又能得到满意的结果为妥。③尽可能利用物体的动能，曲线运动较方向突变的直线运动要好，弹道式运动较受控制的运动要快，动作尽可能有轻松的节奏。④工具、物料应置于固定处所及工作者前面的近处，并依最佳的工作顺序排列。⑤零件、物料应尽可能利用其所受重力将其送至工作者前面的近处。⑥应有适当的照明，工作台和座椅式样及高度应使工作者保持良好的姿势，坐立适宜。⑦尽量解除手的工作，而以工具或脚踏工具代替。⑧可能时，应将两种或两种以上工具合并为一。⑨手指分别工作时，应按各个手指的特点合理分配负荷；手柄的设计，应尽可能增大与手的接触面；机器上的杠杆、手轮的位置，尽可能使工作者少变动其姿势。⑩工具及物料应尽可能事前定位。

动作经济原则包括肢体使用原则、作业配置原则和机械设计原则三大方面。

（1）肢体使用原则　人是运用肢体进行工序作业的，所以，肢体的使用必须符合动作经济原则。

肢体使用原则的目的是使动作轻松有节奏，主要方法是：①作业时双手同时开始、结束动作；②作业时双手对称反向运用；③以最低等级的动作进行作业；④使员工动作姿势稳定；⑤运用连续圆滑的曲线动作；⑥利用物体惯性；⑦减少动作注意力；⑧使动作有节奏。

（2）作业配置原则　工序作业过程中需要使用工具、材料和量具等，上述物品在现场的摆放状态直接影响作业的负荷。所以，作业配置必须符合动作经济原则。

实现作业配置原则的主要方法是：①材料、工装要定点、定容、定量；②材料、工装预置在小臂范围内；③材料、工装取放简单化；④物品水平移动；⑤利用物品自重进行工序间传递；⑥作业高度适宜，便于操作；⑦岗位照明度符合作业注意力的需要。

日本专家根据专业研究和企业实践提出，工序作业中员工取放材料时手移动的距离在30 cm以内是可以接受的，否则就必须考虑改善；员工寻找所需物品的时间在5 s以内是可以接受的，否则就必须考虑改善。

1) 最适合区域和适合区域原则。在作业配置原则的指导下，最有效的配置效果是：做到员工在工序作业时手动脚不动，即将物品配置在伸手可及的范围内。

在作业岗位上，以人的肘关节为圆心、以前臂为半径的范围为作业的最适合区域，以人的肩关节为圆心、以整个手臂为半径的范围为作业的适合区域（见图4-3）。岗位作业用到的工具、材料和量具等物品尽可能配置在最适合区域或适合区域，以使员工作业时伸手可及，降低作业强度。

图4-3 最适合区域和适合区域原则图

2) 三角形原理。在作业配置原则的指导下，运用三角形原理能够衡量配置的实际效果。在岗位作业过程中，作业点、工具和零件三个位置构成三角形（见图4-4）。此三角形面积越小，或岗位作业的所有三角形叠加面积越小，则作业效率越高。

（3）机械设计原则　设备、工装夹具和工具是工序作业的重要硬件，其设计、配备必须遵循动作经济原则。

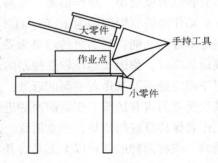

图4-4 三角形原理

机械设计原则的具体内容是：用夹具固定产品及工具；使用专用工具；将两种工装合并为一个；使工装便利化，使之与人体动作更协调，减轻疲劳程序；机械操作动作相对稳定，操作程序流程化、标准化；控制程序与作业程序之间相配合。例如，将工具的手柄做成容易抓握的形状。在设备操作程序流程化、标准化方面考虑以下要点：①使操作位置相近并集中；②让机械尽量减少或脱离人的监控和辅助；③开关位置可兼顾下一道工序；④工件自动脱落，消除人的卸载动作；⑤检测自动化；⑥保证作业安全；⑦设备小型化；⑧使员工容易进行作业准备。

【例4-2】 使用动作经济原则进行视波器检查的改善

【现状】员工在完成电子组装作业后利用视波器检查元件性能，通过观察视波器图形判断是否合格，头部移动及眼珠转动的幅度很大（见图4-5a）。

【改善方法】利用两面镜子将视波器图形反射，通过观察反射镜中的图形判断是否合格（见图4-5b）。

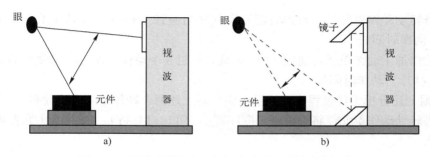

图 4-5 利用反射镜减少头部移动及眼睛的动作幅度
a）改善前：员工直接观察视波器 b）改善后：员工直接观察反射镜

【改善效果】消除了头部移动，减小了眼珠转动的幅度，使员工作业更加轻松。

2. ECSR 原则

ECSR 原则也是效率改善的重要方法，在作业改善和流程改善中被广泛运用，如图 4-6 所示。

Eliminate（取消）：①取消所有可能取消的作业、步骤和动作；②取消不规律性，使动作成为自发性，并使各种物品固定放置在操作者前面的近处；③取消以手作为持物工具的动作；④取消必须使用肌力才能维持的姿势；⑤取消必须使用肌力的工作，而以工具取代之；⑥取消危险的工作；⑦取消所有不必要的闲置时间。

图 4-6 ECSR 原则在工序作业改善中的运用

Combine（合并）：①把方向突变的各种小动作，组合成一个连续的曲线动作；②合并各种工具，使其成为多用途的工具；③合并可能的作业；④合并可能同时进行的动作。

Simplify（简化）：①用简单方法动作；②作业组作业时，应把工作平均分配给各成员；③将取消、合并之后的工序，重新排成清晰的直线顺序。

Rearrange（重排）：①使用最低级次的工作；②使用最简单的动素组合来完成动作；③缩短动作距离；④使手柄、操作杆、脚踏板、按钮都在手足可及之处。

【例 4-3】运用 ECSR 原则对加工中心作业进行改善

【现状】加工中心设备动作耗时长，作业循环时间长达 92 s，成为生产瓶颈，制约生产线整体的生产能力。

【改善方法】

1) 对加工中心设备加工的动作单元进行分析，发现刀塔转动和阀片槽加工是两个耗时最长的动作单元，分别为 14 s 和 46 s（见图 4-7）。

图 4-7 加工中心动作单元分析

2) 对上述两个动作单元的加工程序和加工方式进行分析，发现：

① 刀塔转动动作单元：现有刀塔走刀顺序为 T1→T2→T3→T4→T5（见表 4-11），造成重复走刀，动作时间长。

② 阀片槽加工动作单元：使用 φ10 mm 铣刀经过 3 个动作，加工出宽度为 11 mm 的阀片槽（见表 4-12），动作时间长。

3）根据上述分析，经过程序分析及试验，对上述两个动作单元进行改善。

① 刀塔转动动作单元：将刀塔走刀顺序调整为 T1→T3→T4→T2→T5（见表 4-11），消除重复走刀。

表 4-11 改变刀塔走刀顺序消除重复走刀

项目	改善前	改善后
走刀顺序	T1：倒角 T2：消音槽 T3：排气孔 T4：引孔 T5：阀片槽	T1：倒角 T3：排气孔 T4：引孔 T2：消音槽 T5：阀片槽
动作时间	14 s	8 s

② 阀片槽加工动作单元：使用 φ11 mm 铣刀加工，动作数量由 3 个减少为 1 个（见表 4-12）。

表 4-12 改变铣刀型号进行阀片槽加工

项目	改善前	改善后
刀具型号	φ10 mm 铣刀	φ11 mm 铣刀
加工路径	3 个动作	1 个动作
动作时间	46 s	32 s

【改善效果】刀塔转动动作时间由 14 s 缩短到 8 s，阀片槽加工时间由 46 s 缩短为 32 s；整体作业循环时间由 92 s 缩短到 72 s，提高了作业速度，生产能力提高 21.7%，大幅减弱了本工序对生产线整体能力的制约。

4.4 IE 的作业测定

4.4.1 工时消耗

要使用 IE 的时间研究方法来分析与研究作业时间消耗，首先要能清楚地辨识作业中各类时间及概念的界定。

工人在生产中的工时消耗，可分为定额时间和非定额时间两大部分，其构成情况如图 4-8 所示。

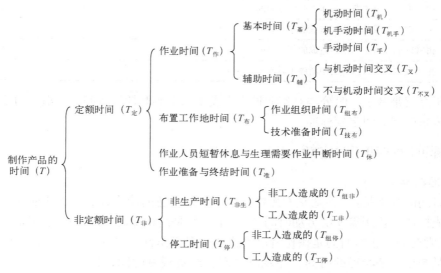

图 4-8 工时分类示意图

为了简洁明快地识记上述代号示意图，更好地了解具体含义，对图 4-8 中的各类时间概念界定，见表 4-13。

表 4-13 工时类别概念界定

工时类别	概 念 界 定
$T_{定}$	完成职责内工作必需的劳动时间
$T_{作}$	直接用于完成生产任务、实现工艺过程所消耗的时间
$T_{基}$	直接完成基本工艺过程所消耗的时间
$T_{辅}$	为实现基本工艺过程而进行的各种辅助操作所消耗的时间，与机动时间交叉的辅助时间不应计入定额时间内
$T_{机}$	不需工人直接操纵，而由机器自动完成作业的时间
$T_{机手}$	由工人直接操纵机器完成作业的时间
$T_{手}$	由工人用手工或简单工具完成作业的时间
$T_{布}$	工人照管工作地，使工作地经常保持正常工作状态所需要的时间
$T_{组布}$	上班的准备工作或交接班工作等所消耗的时间（如上班领工具、图样、准备材料；下班擦机床、整理工具、清理铁屑、加润滑油等）
$T_{技布}$	由于技术上的需要，用于照料工作地的时间（如更换刀具、调整机床、磨刀具等）
$T_{休}$	工人为了解除疲劳而在工作中进行短暂休息以及生理需要的时间消耗
$T_{准}$	为了完成一批产品或一项工作，事前准备和事后结束工作所消耗的时间
$T_{非}$	与完成生产作业无关的不必要的时间
$T_{非生}$	工人做职责以外的工作或不必要的工作损失的时间
$T_{组非}$	由管理上的缺憾造成的非生产作业时间

(续)

工时类别	概念界定
$T_{工非}$	由工人本身过失造成的非生产作业时间
$T_{停}$	由管理不善或其他原因造成的停工时间
$T_{组停}$	由管理或技术上的原因造成的停工时间
$T_{工停}$	由工人本身原因造成的中断停工时间

时间研究就是基于工时分类对作业过程中发生的全部时耗进行测量,然后对定额时间逐项加以标定来确定时间定额标准。

4.4.2 标准时间和工时定额

1. 标准时间

标准时间的含义是:"在适宜的操作条件下用最合适的操作方法,以普通熟练工人的正常速度完成标准作业所需要的劳动时间"。标准时间是由正常时间加宽放时间而得到的。

1)正常时间。正常时间是操作者以其速度稳定工作且无停顿或休息所需的时间。正常时间是由最初用秒表测得的时间,即观测时间,经对观测时间评比(就是相关研究人员将所观测到的操作者的操作时间,与自己理想的正常时间进行比较)、修正(评比因数)而得到的。

2)宽放时间。宽放时间是指在生产过程中进行非纯作业所消耗的附加时间,以及补偿某些影响作业的时间,如用于补偿个人需要、不可避免地延迟以及由于疲劳而引起的效能下降。它是标准时间的组成部分之一,而非指所消耗的时间。宽放时间一般分为以下五种:私事宽放、疲劳宽放、程序宽放、特别宽放及政策宽放。日本学者山内功著《管理手册》中规定的宽放率:私事宽放,一般情形时,宽放率多为5%;疲劳宽放,轻作业的宽放率为5%~10%,重作业的宽放率为20%~30%,特重作业的宽放率为30%~60%等。

标准时间的构成如图4-9所示。

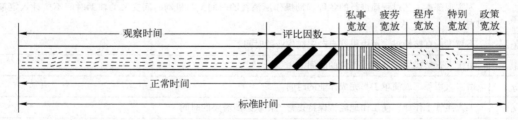

图4-9 标准时间的构成

标准时间需要通过方法研究和作业测定求得某一标准作业所需时间的一个唯一量值。测定标准时间的主要方法有:时间分析法、连续观测法、瞬时观测法、预定时间标准法、标准资料法等。标准时间主要用于确定作业或产品制造的工作量,编制生产、成本计划,制定工作标准,以便改进工作。

标准时间常用的计算公式为

$$T_S = T_N(1+A) \tag{4-1}$$

式中 T_S——标准时间;

T_N——正常时间；

A——宽放率。

标准时间的计算步骤可以缩为下列框图，如图 4-10 所示。

图 4-10 标准时间的计算步骤框图

2. 工时定额

工时定额是劳动定额标准中的一种。标准时间是制定工时定额的依据。一般来讲，"现行定额"往往就是标准时间，当上级下达规定的工时定额时，有了标准时间，就可以知道自己单位的标准时间与上级下达定额的差异，做到心中有数。

【**例 4-4**】 工时定额计算实例

车轴套外圆共有 9 个操作单元：①取零件并安装在心轴上；②取垫圈、螺母装在心轴上拧紧；③开动主轴；④移动刀架并对刀；⑤车削；⑥退刀；⑦停车、退刀架；⑧拧下螺母，拿下垫圈；⑨拿下零件并放入零件箱。进行秒表测时，结果为：$T_{定}$=480 min，$T_{作}$=420 min，$T_{布}$=30 min，$T_{休}$=30 min；测时正常时间为：T_N=1.4067 min/件。计算工时定额和班产量定额。

解：根据式（4-1）计算工时定额为

$$T_S = T_N(1+A_1+A_2) = \left[1.4067 \times \left(1+\frac{30}{420}+\frac{30}{420}\right)\right] \text{min/件}$$

$$= (1.4067 \times 1.1429) \text{min/件} = 1.6077 \text{min/件}$$

$$班产量定额 = \frac{T_{定}}{T_S} = \frac{480}{1.6077} \text{件} = 298.6 \text{件}$$

或

$$班产量定额 = \frac{T_{作}}{T_N} = \frac{420}{1.4067} \text{件} = 298.6 \text{件}$$

本 章 小 结

1）工业工程是一门技术与管理相结合的工程学科，是在人们致力于提高工作效率和生产率、降低成本的实践中产生的一门学科。

2）程序分析是以产品的整个制造过程为研究对象的一种系统分析技术。程序分析采用规定的符号对研究对象从原材料投入到产品出厂的全过程进行记录，从而有效地发现现有流程的问题，进而探求一个最佳的工作程序，能以此工作最低的消耗获得最佳的效益。

3）动作分析是在作业流程决定后，对人的各种动作进行细微的分析，通过简化或消除工作中不必要的动作，设定较好的动作顺序或组合方法，以寻求省力、省时、安全和经济有效的动作。动作优化、减少（去除）和工装化是动作要素改善的三大方法。

4）动作经济原则是动作改善的基本原则，适用于人的全部作业。动作经济原则包括肢体使用原则、作业配置原则和机械设计原则三大方面。ECSR 原则在作业改善和流程改善中被广泛运用。

5）标准时间是在适宜的操作条件下用最合适的操作方法，以普通熟练工人的正常速度完成标准作业所需要的劳动时间。标准时间是由正常时间加宽放时间而得到的。

6）工时定额是劳动定额标准中的一种。标准时间是制定工时定额的依据。

技能实训与实践项目

【如何进行工序动作分析】

1. 实训目标
1）培养学生现场观察和收集某工序操作工作资料的能力。
2）培养学生对现场某工序动作现状进行分析的能力。
3）培养学生提出改进某工序动作方案的能力。

2. 实训内容与要求
1）去实训基地或实践企业生产现场观察某工序操作动作现状。
2）调查实训基地或实践企业现场某工序操作动作存在的问题。
3）分析实训基地或实践企业现场某工序操作动作的资料。
4）根据所学知识提出改进某工序操作动作方案。
5）按现场某工序操作动作方案提出实施计划。

3. 成果与检测
1）提交实训基地或实践企业某工序操作动作的现状资料。
2）检查学生提出的实训基地或实践企业某工序操作动作改进方案及其实施计划。
3）教师评估。

思考与练习题

一、单项选择题

1. IE 的核心是（　　）、提高质量和生产率。
   A. 取消作业　　　B. 降低成本　　　C. 改变工作　　　D. 工序简化
2. 工作研究的内容包括（　　）和时间研究。
   A. 过程分析　　　B. 动作分析　　　C. 工作抽样　　　D. 方法研究
3. 程序分析的工作流程一般由五种基本活动构成，即操作、（　　）、搬运、等待和存储。
   A. 检验　　　　　B. 地点　　　　　C. 货物　　　　　D. 人

二、填空题

1. （　　）是 IE 区别于其他工程学科的特点之一。
2. 通过（　　）进行动作改善是工序作业改善的重要方法。
3. 动作要素可分为（　　）、辅助动素和消耗性动素三类。
4. ECSR 原则为（　　）、合并、简化和（　　）。

三、判断题（正确的打"√"，错误的打"×"）

1. 零件、物料应尽可能利用其所受重力而将其送至工作者前方的近处，是动作经济原则之一。（　　）
2. 正常时间是指在生产过程中进行非纯作业所消耗的附加时间。（　　）
3. 肢体使用原则就是工序作业过程中需要使用工具、材料和量具等。（　　）

四、简答题

1. 工作研究的基本目标是什么？
2. 请说明四种程序分析方法的作用和优缺点。
3. 试述动作分析的方法与步骤。
4. 动作经济原则归纳为 10 条，分别是什么？

五、计算题

铣削某零件时，$T_{定}$=38 min，$T_{作}$=35 min，$T_{布}$=10 min，$T_{休}$=10 min；测时正常时间为：T_N=1.12 min/件。计算工时定额和班产量定额。

第5章 精益生产

学习目标：

- 了解单件小批生产方式的内容。
- 理解大批量生产方式的内容和作用。
- 了解精益生产方式产生的背景及发展。
- 理解精益思想的五大原则和"7零"目标。
- 掌握七大浪费现状、节约措施及其实施方法。

5.1 精益生产的形成与发展

5.1.1 精益生产的由来

工业制造生产方式的发展主要经历了三个阶段，它们是单件小批生产方式、大批量生产方式和精益生产方式。三者内容各不相同，单件生产方式向大批量生产方式转变被称为工业界的第一次革命，大批量生产方式向精益生产方式转变被称为工业界的第二次革命。

（1）单件小批生产方式　从工业经济诞生到 20 世纪初，生产都是以手工单件生产为主，如英国议员伊夫·亨利·埃利斯在 1894 年委托法国巴黎庞阿尔-勒瓦瑟机床公司制造一辆汽车。单件小批生产方式的企业大都很小，通常只有几十个人。很多工人本身就是业主，没有明确的分工，组织结构极为分散。采用非常简单的通用的机床设备、工具对金属和木材进行加工，但员工凭借着自身的精湛技艺，生产出的产品更像一件艺术品，正好迎合客户进行专门设计和生产需求。不过，这种生产方式的产品产量非常低，生产效率低下，而且质量没有保障，价格也非常昂贵，越来越不适应工业发展的要求。

（2）大批量生产方式　20 世纪初期，当时的制造业采用手工单件小批生产方式，因生产率低、生产周期长和产品价格居高不下，导致人们无力购买需求的产品，最后致使许多作坊和工厂面临倒闭的危机。第二次工业革命以后，随着全面普及使用机器，从而提高了生产率，由此产生了代替人力生产的主要方式——大量生产方式。

大批量生产方式从形成到发展主要经历了萌芽期、形成与发展期和全盛期三个阶段。下面以福特汽车为例进行讲解。

1）萌芽期。19 世纪中叶，美国制造业随着劳动分工和专用机器的产生，特别是美国福特汽车公司亨利·福特规定每个零件都采用统一的计量标准，零件获得完全的互换性，使福特公司取得了巨大的生产效率，如福特公司一名装配工的平均工作周期由 514 min 下降到 2.8 min。这些已出现了大量生产方式的雏形。

2）形成与发展期。1903 年，美国福特汽车公司成立，亨利·福特在试造了几个车型后，终于推出了改变世界的 T 型车。为了降低成本、提高质量，1913 年，福特在底特律新厂房里建设了世界上的第一条流水线。流水线的出现又使工人的工作周期从 2.8 min 缩短为 1.9 min。

3）全盛期。第二次世界大战后，为了满足日益多样化的市场需求，斯隆总裁把通用汽车公司的产品按照售价，从低到高分为五个车型系列，并据此成立相对独立的以产品市场、以利润为中心的事业部，很好地将规模经济与范围经济融合起来，解决了为降低制造成本要求产品标准化和用户要求车型多样化之间的矛盾。

由于大规模生产的装备采用高效率的专用设备或生产线，并采用半熟练的工人，专业的设计人员和专门的管理人员，标准产品和服务生产，形成了产量大、效率高、成本低，稳定的质量，已成为世界工业的主导生产模式，不仅对美国 20 世纪经济力量的迅猛发展起了巨大的推动作用，而且在世界的生产技术以及生产管理史上具有极为重要的意义。

大批量生产方式虽实现了规模经济，但因生产规模庞大、大量采用专用设备、专业化分工等原因，如遇到市场的需求多样化、特殊化和不稳定，企业还是难以快速调整来适应市场变化的需要，因此它只适用于单品种、稳定的市场需求，对于多品种小批量生产就很难发挥它的优势。

（3）精益生产方式产生的背景　到 20 世纪后半期，单品种、大批量的流水生产方式的弱点日渐明显，给生产带来越来越多的障碍，如工人对传统的批量生产有不满情绪，没有人愿意在工厂上班，与公司根本不存在合作关系；生产中质量处于次要地位，缺陷率非常高；追求规模经济，机器变得越来越庞大，生产线经常停止运行，使得总体效率不高。许多发达国家整体上进入了消费者追求个性，相应市场需求开始向多样化发展的新阶段，因此要求工业生产也向多品种、小批量的方向迈进（见图 5-1）。

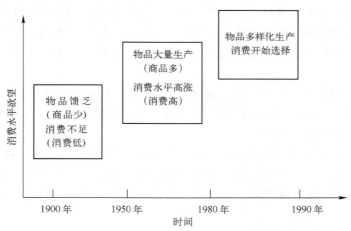

图 5-1　多品种、小批量化生产（世界发达国家状况）

单件小批、大批量、精益三种生产方式对比，见表 5-1。

表 5-1　单件小批、大批量、精益三种生产方式对比

项　目	单件小批生产方式	大批量生产方式	精益生产方式
时期	1950 年以前	第一次工业革命	第二次工业革命
产品特点	完全按顾客要求单件生产	标准化，品种单一	品种多样化、系列化
设备和工装	通用、灵活、便宜	专用、高效、昂贵	柔性高、效率高

(续)

项　　目	单件小批生产方式	大批量生产方式	精益生产方式
作业分工与作业内容	粗略、丰富	细致、简单、重复	较粗略、多技能、丰富
对操作工人的要求	懂设计制造，有较高的操作技能	不需要高深的专业	多技能
库存水平	高	高	低
制造成本	高	低	更低
产品质量	低	高	更高
所适应的市场	极少量的单件需求	物资缺乏、供不应求	个性化的买方市场

【例 5-1】丰田生产方式产生

20 世纪 50 年代，第二次世界大战刚刚结束，日本经济萧条，日本的工业倒退了几十年，工业基础薄弱，技术水平落后，产品质量非常差，缺少资金，生产效率低，日本制造业当时的生产效率只有美国制造业的 1/9~1/8。

为了顺应多品种、小批量化生产这样的时代要求，1950 年，日本丰田汽车公司当时的总裁丰田英二对美国福特公司在底特律的轿车厂进行了三个月的细致考察。当时，这个厂日产量就达 7 000 辆，而日本丰田汽车公司从其创立（1937 年）直至 1950 年的 10 多年间总产量为 2 650 辆。所以当时的日本并没有可能全面引进美国的成套设备来生产汽车。同时丰田英二发现福特公司用一组压力机来专门生产某一种特定的零件，忽视因检修或待料等造成的停工和由产品质量问题而出现大量半成品和成品库存等现象，致使产品转型缓慢。丰田英二和他的同事大野耐一一起研究并得出结论，这种大批量生产方式不适合日本。但丰田英二也看到日本的社会文化背景与美国是大不相同的。日本没有美国那么多的外籍工人，所以其家族观念、服从纪律意识和团队精神是美国人所不具备的。从此日本开始了制造汽车的探索和实践，发展成丰田生产方式，这主要得益于丰田佐吉、丰田喜一郎、大野耐一和戴明，他们的贡献如下：

(1) 丰田佐吉创立丰田生产方式自动化　1902 年，丰田公司的奠基者丰田佐吉发明了自动纺织机，实现了一名工人同时看管多台机器，并可使设备在发生故障时自动报警停机，这就是丰田生产方式自动化的前身。

(2) 丰田喜一郎创建准时化生产的基础　20 世纪 30 年代，丰田佐吉的长子丰田喜一郎赴美学习亨利·福特的生产制造系统，他把福特的传送带技术在日本的小规模汽车生产中加以改造应用，提出了在生产线的各个工序中，只在下道工序需要时上道工序才进行生产，从而奠定了准时化生产的基础。

(3) 大野耐一先生发明了著名的"准时生产"系统　20 世纪 50 年代，大野耐一到美国，参观了当地的汽车工厂，未得到太多的收获。但当他参观美国的超级超市时，超市的陈列和及时补给系统给了他很大的启发，并由此发明了著名的"准时生产"系统——拉动式生产系统，即根据市场的预测，只生产市场需要的产品，及时提供适销对路的产品。同时开发了看板等一系列工具来实现他的生产模式。

(4) 戴明先生对丰田公司的生产方式变革进行指导。丰田公司邀请戴明先生对丰田公司的生产方式变革进行指导，并积极实践戴明倡导的 PDCA 循环和统计质量管理思想。丰田公司充分发挥小组团队的作用，创造性地设计了安灯（ANDON）系统，大大减少了返修时间，使需要返修半成品能及时被发现，从而使产品质量得到提高；同时充分调动了全员参与的积极性，锻炼了员工的技能，提高了小组的团队合作精神，使生产线的实际停线时间越来越少。

该生产方式在1962年才被正式命名为丰田生产方式（Toyota Production System，TPS），1974年丰田汽车公司向外正式公布了丰田生产方式。自此，经过了几十年的努力完善和不断改进，终于形成了如今世界著名的丰田生产方式。

5.1.2 精益生产的发展

精益生产起源及发展图，如图5-2所示。

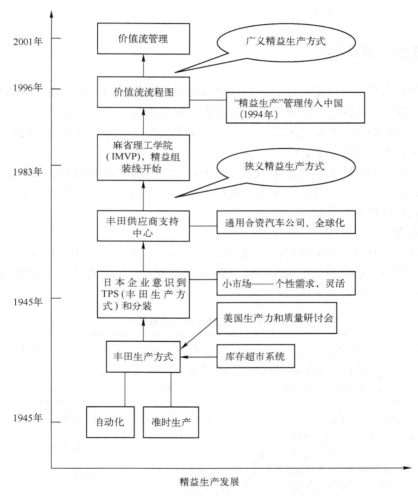

图5-2 精益生产起源及发展图

丰田英二和他的经理人大野耐一，在缺少充足资源、资金和劳动力的环境下，在众多优势和竞争对手的夹缝中，在狭窄而多样化需求的市场条件下，为发展小批量、多品种生产的道路进行了一系列的探索和实验后，提出了适应当时日本国情的"丰田生产方式"，它就是精益生产方式的原型。

1989年，日本的汽车工业超过了美国，年产量达到了1300万辆，日本汽车在美国汽车市场的占有率一路攀升至30%，成为世界汽车制造第一大国。此时，日本企业在国际市场上的成功，引起了西方企业界的注目和浓厚兴趣。为了弄清美国制造业的生产水平落后于日本的原因，进一步揭开日本汽车业的成功之谜，为此，1985年美国麻省理工学院筹资500万美元，确定了"国际汽车计划"（IMVP），旨在全面研究丰田首创的生产方式。在丹尼尔·鲁斯教授的领导下，组织了53名专家和学者，从1984年到1989年，用了5年时间对14个国家的近90个汽车装配厂进行实地考察，查阅了几百份公开的简报和资料，对西方的大量生产方式与日本的丰田生产方式进行对比分析，汇总了116篇专题报告，最后于1990年出版了《改变世界的机器》一书，率先把丰田生产方式定名为精益生产（Lean Production，LP），受到了全世界制造业的关注和推广。

5.2　精益生产的理念

　　企业理念是所有其他原则的基石，管理决策应以长期理念为基础。企业应该有一个优先于任何短期决策的目的理念，使整个企业的运作与发展能配合着朝向这个比赚钱更重要的共同目的。这就需要企业一方面为顾客、社会、经济创造价值，另一方面为自己的行为、保持与提高创造价值的技能等负责。

　　精益模式冲击和再造着近百年来人们习以为常的大规模成批处理和层级管理的观念，正在改变着人们的工作方式，节省了资源的消耗，改善了人们生产的效率和质量，已经成为新一轮企业管理革命的指导思想。

1. 经营思想

　　众所周知，企业经营的最终目的，就是要获取利润。但因经营思想不同，其导致做法不同，所获取的利润大不相同。企业的经营思想可分为成本主义、售价主义和利润主义三种，如表5-2所示。

表5-2　企业的三种经营思想

经验思想 项目	成本主义	售价主义	利润主义
概念	以成本为中心，加上预先设定的利润，由此得出售价的经营思想	以售价为中心，当市场售价降低时，利润也随之减少，由此得出的经营思想	以利润为中心，当市场售价降低时，成本也必须降低，以便维持目标利润的经营思想
公式	销售价格=成本+利润	利润=销售价格-成本	成本=销售价格-利润
成本	①制造产品所花费的成本 ②因为以现在的制造产品为前提，所以浪费和成本意识比较弱，所花费的费用都将成为成本	①必须在客户所期望的销售价格以下 ②为了创造出高收益，必须依靠人的智慧来降低成本	通过彻底消除浪费和提高效率来实现降低成本的基本目标，从而实现利润最大化的最终目标
销售价格	销售价格由企业决定 ①如果与竞争企业的销售价格保持一致，而成本比竞争企业高，就会蒙受损失 ②如果将销售价格设定为能够产生利润的价格，就会因为没有努力降低成本致使产品滞销	销售价格由顾客决定 如果自己公司有比其他公司质量好、价格便宜的产品，其价格将会成为销售价格的基准	销售价格由市场决定 公司通过不断提高产品性能和质量，降低产品价格，满足客户的要求来调整产品价格

(续)

项目 \ 经验思想	成本主义	售价主义	利润主义
利润	希望得到的加在成本上的金额	消除浪费,在销售价格中降低成本的结果	企业为了保证其利润,而努力改进生产中所存在的问题,因此使企业立于不败之地
应用	① 成本意识比较弱的企业 ② 消费者没有选择的余地,但这样的卖方市场是十分有限的	① 成本意识一般的企业 ② 完全是消极地适应市场,供不应求时企业就抬高售价,供大于求时就实行降价,这种经营理念太过被动,终会被市场拖垮	① 成本意识强的企业(精益生产采用的经营思想) ② 将企业内部,如人工、设备的使用等的管理成本作为改善的对象,彻底消除其存在的各种浪费,达到提高盈利空间的目的

2. 精益思想的五大原则

企业接单到发货过程的一切活动,都需站在客户的立场上。没有任何事物是完美的,需要不断改进,按需求生产(像开发的河流一样通畅流动),降低成本,改善质量,缩短生产周期。精益思想的五大原则如下：

(1) 精益思想第一大原则　价值完美　站在客户的价值立场上来审视企业的产品设计、制造过程、服务项目就会发现其中的浪费,从不满足客户需求到过多功能和多余的非增值消耗。通过尽善尽美的价值创造过程(包括设计、制造和对产品或服务整个生命周期的支持),为客户提供尽善尽美的价值,造就一个永远充满活力、不断进步的制造体系。

(2) 精益思想第二大原则　流动　精益思想要求创造价值的各个活动都要流动起来,强调的是不间断地"流动"。所有的停滞活动都要消除。

(3) 精益思想第三大原则　需求拉动　拉动就是按客户的需求投入和产出,使客户精确地在他们需要的时间内得到需要的东西。拉动减少了大量的库存和现场在制品,大大地压缩了提前期。实现拉动的方法是实行准时生产和单件流。

(4) 精益思想第四大原则　精益生产系统　精益生产体现出"拉动"的思维方式,层层拉动,即形成了一整套环环相扣并完全围绕最终目标的系统解决方案。因此,精益生产的实质就是牢固树立和严格执行"在需要的时间,按需要的数量,生产需要的产品"的准时生产经营理念；推行生产均衡化、"一个流",实现零库存与柔性生产；推行整个生产过程的质量保证体系,精简生产系统中一切不产生附加值的工作,以最优品质、最低成本和最高效率,对市场需求做出最迅速的响应。

(5) 精益思想第五大原则　价值流　价值流是指从原材料转变为成品,并给它赋予价值的全部活动。识别价值流就是发现浪费和消灭浪费。识别出产品的价值流；使价值不间断地流动；让顾客拉动价值流的流动；永远追求尽善尽美。

1) 顾客至上是在竞争激烈的买方市场中必然的选择。企业不能主观地臆断顾客的需求,只能"从顾客的立场确定产品的价值"。

2) 不断改善、消除浪费型企业的价值流中存在的浪费因素,提炼出高质量、高效率和低成本的精益的价值流,打败竞争对手,为顾客创造最大的价值,赢得顾客的青睐。

5.3　精益生产系统

为了提高全公司的整体性利润这个总体目标,在全公司范围内必须彻底降低成本,即使各部门都在各自的小范围内实现生产合理化、降低成本、高生产率，最终不断增加全公司利润。丰田生产方式的这个总体目标体现了系统科学理论的基本思想，即"系统功能总体最优"的思想，成为精益生产系统的最基本目标。

5.3.1 精益生产系统的目标

精益生产方式作为一种生产管理技术，是各种手段和方法的集合，并且这些手段和方法从各个方面来实现其基本目标。精益生产方式的最终目标与企业的经营目标一致：利润最大化。实现这个最终目标的方式就是不断取消那些不给产品增加价值的工作或作业，或称之为"降低成本"，并能快速应对市场的需求。降低成本和快速反应是精益生产方式的两个基本目标，其通过"七零"、尊重人性、准时生产、高柔性生产机制、模块化设计与并行设计五个子目标来实现，如图5-3所示。

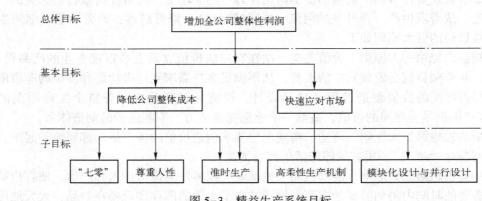

图5-3 精益生产系统目标

1. "七零"目标

在福特时代，主要依靠单一品种和大规模生产来实现降低成本。到了20世纪70年代以后，出现了多品种、小批量生产的情况，再采取大批量生产这一方法已经行不通，因为该方法没有太严密的生产计划和细致的管理，会出现生产计划频繁变动、工序间在制品数量庞大、生产周期过长等问题，从而导致生产过剩所引起的库存浪费，提前制造的浪费，人员利用上的浪费以及不合格品所引起的浪费等，导致无法迅速应对市场需求的情况发生。

在多品种、小批量生产情况下，为了及时发现并解决真正的问题，以满足顾客多样化（P）、高品质（O）、低成本（C）、短交期（D）、保安全（S）、高生产效率等需求，发展起来一种新的精益生产方式，它追求"七零"，即零库存、零切换、零浪费、零不良、零故障、零停滞、零事故，以消除不会带来任何价值的诸因素，增加价值的活动，以降低制造成本、库存成本、资金成本、销售成本、管理成本等，增加全公司整体性利润。

2. 尊重人性目标

企业一切资源中最重要、最宝贵的是人，生产过程中的一切活动都离不开人的参与。因此，要提高生产率，必须调动企业所有员工的积极性，培养对人性的尊重，并把对人性的尊重贯穿于企业生产过程的始终。

3. 准时生产目标

为了对市场需求的变化做出快速的反应，以适应多品种、小批量生产，必须确保及时地生产出在数量和品种方面都能满足客户需求的产品，实现企业持续发展。

4. 高柔性生产机制目标

面临复杂多变的市场，企业必须建立灵活多变的生产组织形式，以适应市场需求多样化的要求，并及时组织多品种、小批量的生产，以提高企业的竞争能力，这就是所谓的高柔性。精益生产方式就是以高柔性为目标，实现高柔性与高生产率相统一，促使企业必须在人员、组织、设备三方面表现出较高的柔性。高柔性生产机制如图5-4所示。

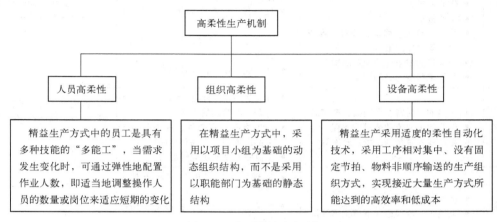

图 5-4　高柔性生产机制

5. 模块化设计与并行设计目标

从开始确定一系列可能设计方案，到几套方案的平行比较研究，然后采用模块化设计，确定最后设计方案，从而可以减少设计晚期更改以及设备改造而带来的损失，有效地缩短设计开发时间。

以上这些目标构成了一个完整的目标体系，相互之间存在着内在的、必然的联系。五个子目标不是孤立地存在的，其中每一目标对其他子目标的实现，乃至对基本目标和总体目标的实现都有一定的影响。子目标如果不能实现，那么总体目标也无法实现。同样，如果总目标没有实现，那么子目标也必定没有达到。

5.3.2　七大浪费现状、节约措施及其实施方法

为了排除这些浪费，精益生产方式力图通过适时适量生产、建立柔性生产机制以及保证产品品质等方法，以实现精益制造追求的终极目标。生产现场的七大浪费现状、节约措施及其方法见表5-3。

【例5-2】国外推行精益生产的成效

精益生产方式能为企业创造丰厚的利润，在各项管理指标上，完全实施精益生产方式的企业所获取的利润要远远大于没有推行精益和部分实施精益的企业。据美国大量实证性研究报告，将广泛应用精益生产技术的企业和不应用或部分应用精益生产技术的企业进行比较，得出如图5-5所示的数据。由图5-5可知，企业应用精益生产技术可以提高生产效率、按时交货率、一次合格率和库存周转率，缩短新产品开发周期、生产周期，减少在制品和废品。

表 5-3　生产现场的七大浪费现状、节约措施及其实施方法

精益目标	未实行精益的企业现状	实施精益节约措施	精益实施技巧与工具
零浪费	• 员工节俭意识淡薄 • 员工未真正参与到现场的改善等各项活动 • 设备多或产能过大 • 各阶段产能不均衡 • 作业人员太多 • 生产批量太大 • 找到、拿起、移动、放置、堆积、整理等动作的浪费 • 与客户的质量标准无关的加工 • 与加工精度无关的加工	• 通过制度培养员工的节俭意识与理念 • 通过激励手段激发员工的积极性 • 根据生产目标和任务合理安排生产 • 提高各工序的作业技能与设备的利用率 • 充分考虑动作经济原则，彻底地改正工作方法 • 尽可能简化、合并各种动作	• 整体能力协调 • 拉动式生产彻底暴露问题 • 价值流图及分析
零库存	• 过多的原材料、在制品、产成品 • 停滞的物料流动造成的库存 • 生产线外多余的工场、仓库等	• 建立库存管理信息系统，提高库存预测与管理的水平 • 减少物料、零部件、在制品及产成品的堆积，提高存货周转率 • 提高物料及时供应的能力	• 探求必要库存的原因 • 库存规模的合理使用 • 均衡化生产 • 设备流水化
零切换	• 换线、换模时间长 • 上道工序延误造成下道工序等待	• 实现"快速换模"；"小批量生产" • 协调好上下工序，提高协作衔接能力 • 实现作业自动化	• 生产计划标准化 • 经济批量 • 一个流 • 标准化作业
零不良	• 人为操作失误 • 设备、工具不稳定 • 未按标准作业 • 进料质量不稳定 • 设计不周全 • 环境因素 • 存放周期长	• 改变生产现场的管理方式 • 提高作业人员的操作技能 • 改善生产线的制程能力 • 严格按规定的操作程序合理、规范地使用各种机器设备 • 制定现场作业岗位的操作指导书、操作规程与规范，实现机器操作、制程生产、制程检验、质量检验等作业的标准化管理	• "零缺陷"运动 • "自动化" • 全员质量改善活动 • 自主研究活动 • 质量改善工具运用
零事故	• 安全意识淡薄 • 忙于赶货、疲于奔命，忽视安全 • 事故频发 • 人为事故多	• 认真执行企业安全规章制度、安全工作指令和决定等 • 经常教育和监督员工遵守安全操作规程，正确使用机器设备、电器设备、工夹具、原材料、安全装置、穿戴劳保用品等，制止违章指挥和违章作业 • 确保机器设备处于良好状态，消除一切不安全因素和事故隐患，保持成品、半成品、材料及废物的合理放置，通道畅通，场地整洁 • 发生事故时，应立即报告领导，并积极组织抢救，为防止事故扩大采取必要的措施 • 每周必须固定一天为安全活动日，做好对新员工、调岗员工、复工人员的安全生产知识教育	• 安全教育 • 6S活动 • 危险预知训练 • 定期安全巡查 • 安全改善活动

(续)

精益目标	未实行精益的企业现状	实施精益节约措施	精益实施技巧与工具
零故障	• 缺料导致设备停止运行、人员停工 • 设备意外故障 • 加班加点与待工待料一样多	• 实现"快速换模""小批量生产" • 建立库存管理信息系统，提高库存预测与管理的水平 • 减少物料、零部件、在制品及产成品的堆积，提高存货周转率	• 效率管理 • 全面生产维护（TPM） • 初期清扫与自主维护 • 防错法
零停滞	• 交货期长、延迟交货多 • 顾客投诉多 • 加班加点、赶工赶料	• 应将生产总体计划按车间、班组分解成本作业计划和任务 • 将生产任务落实到各责任岗位 • 诊断作业生产线，减少不必要的作业工序 • 与客户保持沟通，密切关注其需要的质量水平与标准	• 一个流、均衡化生产 • 布局改善 • 设备小型化、专用化

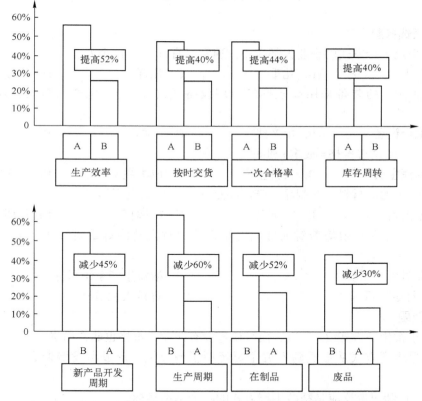

图 5-5 广泛应用精益生产技术的企业与不应用或部分应用精益生产技术的企业进行比较

A—广泛应用精益生产技术的企业　B—不应用或部分应用精益生产技术的企业

本 章 小 结

工业制造生产方式的发展主要经历了三个阶段，它们是单件小批生产方式、大批量生产方式和精益生产方式。

采用手工单件小批生产方式，因生产率低、生产周期长和产品价格居高不下，导致人们无力购买需求的产品，最后致使许多作坊和工厂面临倒闭的危机。第二次工业革命以后，随着全面普及使用机器，从而提高了生产率，由此产生了代替人力生产的主要方式——大量生产方式。

精益思想的五大原则：价值完美、流动、需求拉动、精益生产系统、价值流。

降低成本和快速反应是精益生产方式的两个基本目标，其通过"七零"、尊重人性、准时生产、高柔性生产机制、模块化设计与并行设计五个子目标来实现。

追求"七零"，即零库存、零切换、零浪费、零不良、零故障、零停滞、零事故，以消除不会带来任何价值的诸因素，增加价值的活动，以降低制造成本、库存成本、资本成本、销售成本、管理成本等，增加全公司整体性利润。

思考与练习题

一、单项选择题

1. 单件小批生产方式的企业大都很小，通常只有（　　）个人。
   A. 几十　　　　B. 几千　　　　C. 几百　　　　D. 几万
2. 大规模生产的装备采用高效率的专用设备或（　　），生产产量大、效率高、成本低。
   A. 单台设备　　B. 生产线　　　C. 工具　　　　D. 刀具
3. （　　）中销售价格=成本+利润。
   A. 利润主义　　B. 售价主义　　C. 成本主义　　D. 个人主义
4. 清除过多的原材料、在制品、产成品是（　　）的表现形式。
   A. 零浪费　　　B. 零不良　　　C. 零库存　　　D. 零切换
5. （　　）是指必须培养对人性的尊重，并把对人性的尊重贯穿于企业生产过程的始终。
   A. 准时生产目标　　　　　　　　B. 精益生产系统目标
   C. "七零"目标　　　　　　　　　D. 尊重人性目标

二、填空题

1. 单件小批生产方式（　　），而且质量没有保障，价格也非常昂贵。
2. 大批量生产方式从形成到发展主要经历了萌芽期、形成与发展期和（　　）三个阶段。
3. （　　）和快速反应是精益生产方式的两个基本目标。
4. 精益思想的五大原则：价值完美、流动、（　　）、精益生产系统、价值流。
5. （　　）是指从原材料转变为成品，并给它赋予价值的全部活动。
6. "七零"，即零库存、零切换、（　　）、零不良、零故障、（　　）、零事故。

三、判断题（正确的请打"√"，错误的打"×"）

1. 单件小批生产方式很多工人本身就是业主，没有明确的分工和组织结构极为分散。
   　　　　　　　　　　　　　　　　　　　　　　　　　　　　　　　　　（　　）
2. 1913年，福特在底特律新厂房里建设了世界上的第一条流水线。流水线的出现又使工人的工作周期从 2.8 min 缩短为 1.9 min。   （ ）

3. 以满足顾客多样化（P）、高品质（Q）、低成本（C）、短交期（D）、保安全（S）、高生产效率等需求。   （ ）

4. 拉动增加了大量的库存和现场在制品，大量地扩大了提前期。   （ ）

5. 大批量的流水生产方式的弱点日渐明显，对生产带来越来越多的障碍，如工人对传统的批量生产有不满情绪，与公司根本不存在合作关系；缺陷率非常高；机器变得越来越庞大。   （ ）

6. 物料、零部件、在制品及产成品的大量堆积，能降低存货周转率。   （ ）

7. 每周必须固定一天为安全活动日，做好对新员工、调岗员工、复工人员的安全生产知识教育。   （ ）

8. 以精益生产方式力图通过适时适量生产、建立柔性生产机制以及保证产品品质等方法，实现精益制造追求的终极目标。   （ ）

四、简答题

1. 简述单件小批生产方式的特征。
2. 如何理解精益思想的五大原则？
3. 请比较单件小批、大批量、精益三种生产方式。
4. 精益生产系统的目标有哪些？
5. 请说明生产现场的七大浪费现状、节约措施及其实施方法。

第6章 标 准 作 业

学习目标：
- 了解标准作业的概念、目的和好处。
- 理解标准作业的种类和作用。
- 理解标准作业的前提和三要素。
- 掌握作业标准书的主要形式及其内容。
- 掌握标准作业的制定方法。

6.1 标准作业概述

6.1.1 标准作业的定义

防止人为错误的手段首先就是要严格规定人所参与的作业内容和次序，只有遵守作业准则才会发挥作用。标准作业是将生产产品的顺序和所应该遵守的规则规定下来，这是现场管理的工具。在推进自动化的过程中，一旦停止生产线或发生异常要把机器设备停下来，采用标准作业来建立异常的基准。标准作业主要是标准化的作业方法，它是以人为中心，将人和机器有效地进行组合，以没有浪费的操作顺序进行生产，达到低成本和安全地生产出质量良好的产品而使用的作业方法的指南。

在改进作业方法方面，标准作业必将涉及设备和环境等许多方面。因此，其实质是人机匹配问题。由此可见，广义的标准作业除了作业方法的标准化外，还包括作业活动程序、作业准备、作业环境整洁、设备检查维修、工器具放置使用、劳保用品穿戴、个体防护设施准备及共同作业的指挥联络等方面的标准化。作业流程标准化是最佳的方法，配有《操作标准手册》或《作业指导书》更为有效。标准作业是执行作业标准的同时在效率、成本、交期上进行科学改善与革新的方法。标准作业是现场提高作业效率的根据，是工序管理和可视化管理的工具，是进行改善的基础。

6.1.2 标准作业的目的

1）以需求为基础的现场运营。反映管理监督者的意思，有效促进作业，使命令、指导、指示、监督简单化，追求满足安全、品质、数量、成本等所有要求的合理的产品制造。

2）明确制造方法的规则，确定作业方法。应用安全、低成本生产优质产品所需要的方法（考虑质量、成本、安全、工作顺序、方法明确化）。

3）明确作业标准。通过重新改善现在的作业，制定明确的作业标准，区分正常或异常，可以实现作业的效率化。

4）作为改善的工具。将标准作业作为改善的工具来使用。按照标准作业准则实施的作业和实际的动作进行对比，能够改进目前不正确动作。

5）消除 3M。即消除不做也可以的动作浪费（Muda）；消除重复同样的不均匀动作（Mum）；消除需要感觉和窍门的不合理作业和动作姿势（Mun）。

6）使新人和工作不熟练的人在短时间内也能做相同的作业，使教育训练变得简单和有效率。

7）明确各部门的责任和权限，明确作业的分工，尽量确保各作业者之间（各部门之间）的作业确实被实施。

8）对按照标准作业准则实施的作业和实际的动作进行对比，整理存在于人的经验中的技术和数据，并根据人员及生产数量的变化而经常更新。

6.1.3 标准作业的好处

标准作业伴随着巨大的好处，见表 6-1。

表 6-1 标准作业的好处

主　题	具 体 内 容
流程稳定性	稳定性意味着每一次生产过程中的可重复性，并能达到生产率、质量、成本、交付期、安全以及环境目标
每一流程都要有明确的起止点	通过节拍可以判断生产速度与销售速度是否趋于一致，也可以看清楚生产状况，即生产超前还是落后，是否存在问题
保护专门技术以便组织学习	标准作业既保护了技术秘诀和专门知识，也不会因资深员工离职而失去他或她的经验
审核与解决问题	标准作业使我们能够评估现状并找出落后工作问题，提出改进这些工作的措施，并很容易跟踪检测点和重要的工序
员工参与制定和改善	在精益系统中，员工在主管和工程师的支持下制定标准作业。此外，还做好了改进的准备。标准作业提供了衡量改进的基准
使用防错技术	员工们会寻找机会制作一些简单的、费用低廉的防错装置
操作员培训	标准作业是员工培训的基础。操作员熟悉了标准作业的形式，可以轻松地应对不断改变的需求（节拍时间和流程步骤的相应变化）

6.2 标准作业的种类

根据作用对象不同，可将标准作业分为两类，一类是程序标准，另一类是规范标准。程序标准是指规范工作方法的标准；规范标准是指规定工作成果的标准。如图 6-1 所示为标准作业的种类。

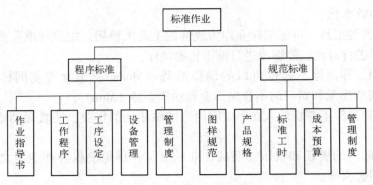

图 6-1 标准作业的种类

6.3 标准作业的前提和三要素

6.3.1 标准作业的前提

当有连续的生产线停工和速度降低时,就不能够按照标准工作。这时要特别注意一些常见的不稳定根源,如送来的零部件存在质量问题;设备、夹具或工具问题;零部件短缺,操作人员可能要等待一个零部件以继续工作;因布局不合理出现摔倒、坠物危险等安全问题。因此,执行标准作业的前提主要如下:

1) 要实施标准作业,首先作业本身要达到稳定状态,否则即使暂时标准化了,实际也不会有效执行。
2) 建设流水生产线,实施一个流生产。
3) 培训多能工,作业人员进行多工序作业和走动式作业。
4) 标准作业是根据人的活动而不是机械运转而定的。因此,在制定时,不能受设备条件限制而无视人的动作,应该以人的动作为中心,促使成为任何人必须遵守的规则。
5) 推进平均化生产,计算作业周期时间,按作业周期时间作业;在客户要求的节拍时间内完成产品生产。
6) 在相同时间、机械的配置等条件下可以不断进行重复的作业。若不可重复,则找不到改善的着眼点,改善也无基础。切记:没有标准,便无法区分正常还是异常。
7) 实际作业的人员应严格遵守标准,以确保生产安全和质量,降低成本。

6.3.2 标准作业的三要素

标准作业是以人为中心将重复性作业标准化,它由节拍时间(即明确规定生产一个产品最好应用多长时间)、标准作业顺序(满足节拍时间的作业次序)和在制品的标准持有量三要素构成。这三个要素成了决定标准作业的基准。标准作业的三个要素共同作用,就是实现标准作业的目标,即用最小限度的作业人员和在制品数量进行所有工序之间的同步生产。标准作业的三要素如图 6-2 所示。

1. 第一要素——节拍时间

节拍时间是指生产一个产品所要花费的时间,即作业速度。有效的生产就是要使各道工

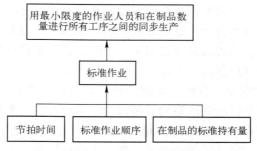

图 6-2 标准作业三要素

序的时间尽可能地接近节拍时间。把工序作业时间作为第一要素提出来是因为它是及时化生产的基准。例如，需要经过 6 个工序才能完成一个产品的生产线，横坐标轴上表示工序名，实际测得的作业时间用直线图标记入纵坐标轴上，把节拍时间平行放入横坐标轴上，工序的实际状态就十分清楚了。

（1）生产必需的节拍时间（Tact Time） 节拍时间由顾客的需求决定，如顾客需求的产品为每天 300 个，节拍时间的计算方法如下：

① 求实际工作时间。1 天的工作时间为 8 h，求实际工作时间为

实际工作时间 =（计划作业时间 - 计划作业外的时间）× 工作率

$= (8\,h \times 60\,min/h - 0.9\,h \times 60\,min/h) \times 0.85 = 362\,min$

② 求生产数量。

生产数量 = 顾客需求数量 ÷（1 - 产品不合格率）

$= 300\,个 \div (1 - 0.03) = 309\,个$

③ 求节拍时间。

节拍时间 = 实际 1 天可工作时间 ÷ 1 天的生产数量

$= 362\,min \times 60\,s/min \div 309\,个 = 70\,s$

（2）节拍时间和周期时间 节拍时间不同于周期时间（Cycle Time），周期时间是一个流程实际所花费的时间，而节拍时间是标准作业的周期时间，指生产一个产品需要花费的时间，这由生产数量和设备运转时间决定。为了支持单件生产的目标，必须最大限度地同步节拍时间和周期时间。如图 6-3 所示为节拍时间和周期时间比较。节拍时间使我们能够清楚地掌握生产状态。例如，如果节拍时间是 70 s，就应该每 70 s 看到有 1 件产品生产出来。如果每 2 min 移走 1 件产品，就说明下游出了问题，必须快速采取对策。

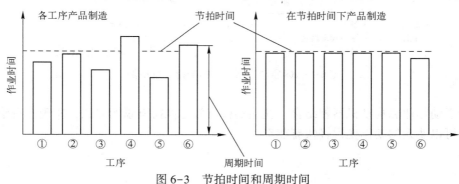

图 6-3 节拍时间和周期时间

设定了节拍时间后，接着再根据现有的实力来确定作业速度和工作量的分配。但是，每个人都在作业熟练度上存在着差异。这就要制定以技术熟练工为基准的作业标准书，对作业人员进行彻底的教育训练，从而去发现各道工序中的浪费，通过持续改善活动，消除机器运转率不好造成的故障损失和产品的不合格率，提高生产效率。

（3）节拍时间与工时定额　节拍时间测量是正确设计和合理改善作业的依据，也可用来判断作业方法的优劣。节拍时间测量的直接目的是制定和贯彻先进合理的工时定额，工时定额是企业管理的基础数据。节拍时间测量是企业生产制造活动中一项重要的管理基础工作，其主要作用为：可以正确计算劳动消耗，作为正确核算企业生产工作量，编制计划、合理安排生产进度、计算操作人员的需求量、计算产品成本和计件工资、调整劳动组织等的依据。

2. 第二要素——标准作业顺序

一个标准作业周期中手工作业顺序，即标准作业顺序。作业顺序是指在作业者加工物品时，从原材料向成品顺序变化的过程，它包括运输物品、在设备上安装拆卸等，是指加工的顺序，而不是指产品流动的顺序。

3. 第三要素——在制品 WIP（Work In Process）的标准持有量

标准持有量是指在加工过程中停滞于工序内的在制品库存，其目的是可以重复进行没有浪费的同一作业。标准持有量指作业时必需的最小限度的在制品数量，包括工序内必需的半成品，也包含安装在机器上的产品。这个量随设备配置方法的不同和作业顺序方式的不同而改变，因为任何地方都存在半成品的作业。例如，一般车床在加工时，人是处于等待状态的。如果经车床加工好的产品就那样停留在车床内，直到换上新的产品进行加工后，它才流向下一道工序的话，人就没有等待了。新安装上的产品是利用作业人员在其他工序作业的时间完成加工的，所以在下一次换上新产品之前，它都是停留在车床内的。标准作业顺序和标准持有量举例如图6-4所示。

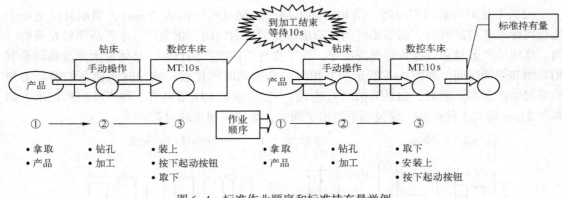

图 6-4　标准作业顺序和标准持有量举例

如果手动作业和自动机器相结合，就能实行有效标准持有量的方法，实现没有浪费的作业顺序，可以使人的动作变得轻快有节奏。

6.4 标准作业文件的编制

6.4.1 作业标准书概述

作业标准书是规定作业方法的文书，通过整理过去的经验和成果，确定工作的做法（方法、责任、权限等）；每个人都要遵守一定的作业规则，按照所确定的方法进行作业。它具有如下特点：①选出应该管理的项目。②选出管理所需要的条件。③使选择条件稳定。④使文书形成标准书。

因企业的不同，作业标准书可呈现为不同形式，如作业指导书、作业要领书、标准作业卡、标准作业票、工位能力表、标准作业组合表、要素山积表、标准手持量等，见表6-2。

表6-2 作业标准书的主要形式及其内容

作业标准书的主要形式	定义及其内容
作业指导书	根据零部件能力表、标准作业组合单制定，在标准作业卡的基础上细化操作要点。其内容包括：每个人的作业顺序、周期时间、作业内容、安全品质要点、检验方法以及人员走动顺序、在制品存放位置、设备整体布局等
作业要领书	规定了作业者作业时的工作内容，并标明作业安全、品质注意事项。作业要领书的对象是每个工序。具体内容包括：机械操作、刀具更换、程序步骤、零件加工、组装的作业顺序，每个工序中都要有
标准作业卡（标准作业票）	为了描述工位全体操作人员的作业状态，记入节拍时间、标准作业顺序和在制品的标准持有量（即标准作业三要素），记入质量确认、安全注意等方面内容，并在文字（口头）说明的基础上，通过图表等多种手段，帮助操作者看到自己所要完成操作的全部内容
工位能力表	能够按被加工的零件记录各设备的生产能力，也包含检查作业、手工作业等的生产能力。此表涵盖了作业对象的要求，包括周期时间、换模时间、工作名称、作业顺序、产能等
标准作业组合表	是确定作业分配和作业顺序的工具，是记入设备布局、反应时间、生产节拍、作业顺序、作业内容、作业时间、标准待工等项目的表格
要素山积表	用于确定生产线各工位的要素作业时间，在目视板上以搭积木的方式对全班的工作内容进行要素拆解和重新排列，以发现操作中存在的浪费，并予以消除，同时确定最简单、科学的操作顺序
标准手持量	操作者如果知道需要哪些工具和设备，处理多少个被加工物，将有利于科学地规划工位和工艺。例如，在设定生产定额的时候，需要考虑到单个被加工物的尺寸和重量；如果增加了设备的转速，操作者的产能分别会受到怎样的影响

6.4.2 标准作业的制定步骤

制定标准作业的程序主要分为以下四步。

1. 识别工作步骤

标准作业主要用于规范操作者的动作和消除等待工作。首先要从生产现场系统入手识别浪费，即通过仔细观察生产流程，分解出工作的具体步骤，使大的浪费暴露出来。这里值得注意的是不必关注工作步骤的细节，不必详细地说明操作者如何操作，只要知道浪费的大致情形即可。

2. 记录各步骤花费的时间

员工花费的时间可分为工作时间和移动时间两类。工作时间是员工的实际操作时间，而移动时间包括行走时间等。要分别统计和记录工作时间和移动时间，以便发现各自浪费之处。时间统计表见表6-3。

表 6-3 作业时间统计表　　　　　　　　　　　　　　　　（单位：s）

工作步骤	工作时间	移动时间
1. 取配件Ⅰ	2	4
2. 到装配区，组装配件Ⅰ	5	2
3. 取配件Ⅱ	1	2
4. 到装配区，组装配件Ⅱ	6	3
5. 取配件Ⅲ	2	3
6. 到装配区，组装配件Ⅲ	5	4
7. 取固定支架	3	5
8. 装配	7	3
统计	31	26

3. 绘制现场图

绘制工作区域的现场图时，其大小要清楚、完整地反映现场全貌，其中应包括操作地点、工作步骤等，并将工作步骤用一条折线连接，其目的是帮助发现浪费。图6-5所示为现场图示例。

通过对作业时间统计表（见表6-3）和现场图（见图6-5）的分析，可以找到流程中存在的浪费和不合理现象，并提出改进意见。例如，操作移动时间太长，现场图中又存在大量的原路返回现象，可以通过重新布置现场来进行改善。

4. 制定标准

一旦发现浪费现象就进行改善，然后制定作业的标准程序，并且要鼓励员工继续发现浪费问题，从而不断完善标准程序。

【例6-1】作业要领书（指导书）

作业标准书如图6-6所示。

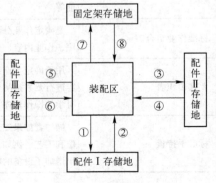

图 6-5 现场图示例

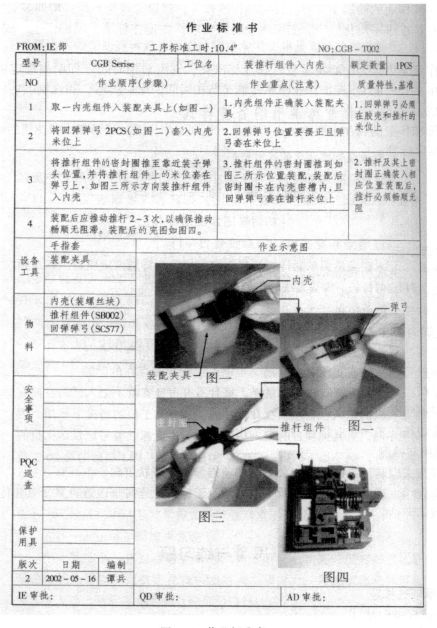

图 6-6 作业标准书

本 章 小 结

标准作业是执行作业标准的同时，在效率、成本、交期上进行科学改善与革新的方法。标准作业是现场提高作业效率的根据，是工序管理和可视化管理的工具，是进行改善的基础。

执行标准作业的前提主要有：要实施标准作业；建设流水生产线；培训多能工；以人的动作为中心；推进平均化生产；实际作业的人员应严格遵守标准，以确保生产安全和质量，降低成本。

标准作业是以人为中心将重复性作业标准化，它由节拍时间（即明确规定生产一个产品最好应用多长时间）、标准作业顺序（满足节拍时间的作业次序）和在制品的标准持有量三要素构成。

制定标准作业的程序主要分为以下四步：识别工作步骤、记录各步骤花费的时间、绘制现场图、制定标准。

技能实训与实践项目

【如何制定作业指导书】

1. 实训目标

1) 培养学生现场观察和收集某工序作业指导书资料的能力。
2) 培养学生对现场某工序作业指导书现状进行分析的能力。
3) 培养学生提出改进某工序作业指导书方案的能力。

2. 实训内容与要求

1) 去实训基地或实践企业生产现场观察某工序作业指导书现状。
2) 调查实训基地或实践企业现场某工序作业指导书存在的问题。
3) 分析实训基地或实践企业现场某工序作业指导书的资料。
4) 根据所学知识提出改进某工序作业指导书方案。
5) 按现场某工序作业指导书方案提出实施计划。

3. 成果与检测

1) 提交实训基地或实践企业某工序作业指导书的现状资料。
2) 检查学生提出的实训基地或实践企业某工序作业指导书改进方案及其实施计划。
3) 教师评估。

思考与练习题

一、单项选择题

1. 规范标准包括（   ）。
   A. 作业指导书   B. 标准工时   C. 工作程序   D. 设备管理
2. 标准作业的前提是（   ）。
   A. 减少变动和浪费   B. 降低成本，提高生产效率
   C. 建设流水生产线，实施一个流生产   D. 现场管理的基础
3. （   ）属于程序标准。
   A. 作业指导书   B. 标准工时   C. 图样规范   D. 成本预算
4. （   ）是在标准作业卡基础上细化操作要点。其内容包括：每个人的作业顺序、周期时间等。

  A. 作业要领书 B. 作业指导书 C. 工位能力表 D. 标准作业卡

5.（ ）是描述工位全体操作人员的作业状态，记入节拍时间、标准作业顺序和在制品的标准持有量（即标准作业三要素），记入质量确认、安全注意等方面内容。

  A. 作业要领书 B. 作业指导书 C. 工位能力表 D. 标准作业卡

6.（ ）是指生产一个产品所要花费的时间，即作业速度。

  A. 标准持有量 B. 工作时间 C. 周期时间 D. 节拍时间

二、填空题

1. 标准作业的目的是明确制造方法的规则，确定（ ）。

2. 标准作业是（ ）的基础。操作员熟悉了标准作业的形式，可以轻松地应对不断改变的需求。

3. 如果企业执行了标准化作业，每个员工都可以根据（ ）的指导来完成工作位置。

4. 标准作业是以人为中心将重复性作业标准化，它由（ ）、标准作业顺序和在制品的标准持有量三要素构成。

5.（ ）是确定作业分配和作业顺序的工具，是记入设备布局、反应时间、生产节拍、作业顺序、作业内容、作业时间、标准待工等项目的表格。

6.（ ）是标准作业的周期时间，指生产一个产品需要花费的时间。

三、判断题（正确的打"√"，错误的打"×"）

1. 通过节拍可以判断生产速度与销售速度是否趋于一致，也可以看清楚生产状况，即生产超前还是落后，是否存在问题。（ ）

2. 标准作业主要用于规范操作者的动作和消除等待工作。（ ）

3. 工位能力表用于确定生产线各工位的要素作业时间，在目视板上以搭积木的方式对全班的工作内容进行要素拆解和重新排列，以发现操作中存在的浪费。（ ）

4. 节拍时间是一个流程实际所花费的时间。（ ）

5. 标准持有量指作业时必需的最小限度的在制品的数量，包括工序内必需的半成品，也包含安装在机器上的产品。（ ）

6. 标准作业不能作为改善的工具来使用。（ ）

7. 没有标准化就没有改善，改善的第一步就在于标准化。（ ）

四、简答题

1. 标准作业的目的是什么？标准作业的好处有哪些？
2. 执行标准作业的前提有哪些？
3. 如何理解标准作业的三要素？
4. 试述作业标准书的主要形式及其内容。
5. 请说明标准作业的制定步骤。

第7章 流线化生产

学习目标:

- 了解"一个流"单元生产方式的历史与定义。
- 理解实施"一个流"生产的优点。
- 了解批量生产与"一个流"生产比较。
- 理解传统的设备布置方式及其缺陷。
- 掌握"一个流"生产的八大要点和推行步骤。

7.1 "一个流"单元生产

7.1.1 "一个流"单元生产方式的历史与定义

"一个流"单元生产方式在20世纪后期开始逐渐被企业认识,它看起来有些像19世纪的手工作业,但从本质上是有很大差异的。单元(Cell)一词的应用,是在IE成组技术(Group Technology,GT)应用于生产管理之后发展进步的结果。

"一个流"单元生产的历史如图7-1所示。

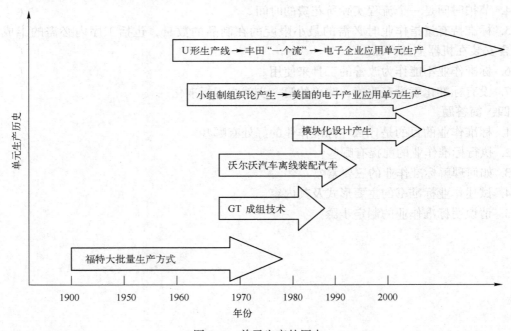

图7-1 单元生产的历史

（1）成组技术　福特大批量生产方式之后，出现了多品种、小批量生产，为了提高效率，将形状、尺寸、工艺相近的产品进行分组（成组）加工，这种生产技术方法称为成组技术。运用这一技术达到大批量生产的效率时，便将某类产品的生产区域或专门设计的生产线称为单元生产线。成组技术虽然是应对多品种小批量的一种改善效率的方法、手段，但和福特流水线一样，也是追求大批量生产效率的方法。

（2）离线生产　20世纪70年代，瑞典沃尔沃车厂对汽车进行离线的小组装配生产，即在沃尔沃汽车的最终装配没有使用流水线的情况下，由十几个小组在车身停止的状态下完成总装工作。试图找到一种提高员工生产作业热情和效率的好方法，不过20年之后便停止了这种生产方式。在此期间，世界上很多先进企业都在积极地进行研究，以解决生产方式中的大量问题，由此产生了单元生产、离线生产、小组作业等新思维和新方法。

（3）导入单元生产方式　作为多品种、小批量生产，单元生产方式被称为"精益生产"，在日本的电子行业早就得到了推广和应用。20世纪80年代末，美国的电子制造商正式开始导入单元生产方式，以小组作业来应对多品种、小批量、短交期的市场需求。到20世纪90年代中期，日本的大型电子企业全面采用"一个流"单元生产方式，并完善和实现了精益生产特色的单元生产，之后被大多数工业国家广泛应用和推广。从此，作为柔性生产方式样板的单元生产，便开始被广泛传播和推广，并作为电子行业21世纪的制造标准被世界所接受。

（4）精益生产的"一个流"　单元生产与精益生产的"一个流"的设计思维几乎相同，目的都是为了压缩库存和交货期。世界先进的工业国家，有着30年历史的精益生产"一个流"U形线和单元生产被同时应用，都被用来作为解决多品种、小批量生产的有效工具。

"一个流"生产，就是将作业场地、人员、设备合理配置，按照一定的作业顺序群，零件一个一个地依次经过各工序设备进行加工、移动，使产品从投入到成品产出的整个制造加工过程中，始终处于不停滞、不堆积、不超越，按节拍一个一个地流动的生产方法。

同样工厂内各个生产线之间也是采取一个流进行同步生产，这样使整个生产工序、检验工序和运输工序合为一体，形成了整个工厂一体化"一个流"生产。

7.1.2　实施"一个流"生产的优点

1. 最短生产周期

与批量生产方式相比，在"一个流"生产中，如每次只加工1件，就能减少批量等待的时间，为此大大缩短了生产周期，也可以把原有的紧急订单变为常规订单，便于生产组织。与此同时加快了资金周转，大大提高了获利能力。

2. 减少存货和在制品

采用"一个流"生产，每个工序最多只有一个在制品或成品，大大减少了在制品数量。在制品的减少不仅大幅降低了存货成本，节省了生产空间，而且还直接或间接地杜绝了其他形式的浪费现象，如等待的浪费、搬运的浪费等。这对于质量追溯、产量控制都有很重要的管理作用。

3. 占用生产面积小

"一个流"生产方式可以将多个生产工序及检验工序和运输工序合为一体，从而减少了工序间的隔离，合理地利用了生产面积，大大节省了中间库存面积。

4. 容易适应市场与计划的变更

如果同一产品采用"一个流"生产方式，在市场与计划增加时，能够快速地将信息及时传递到最前工序，避免给客户造成断料风险且避免过多缓冲库存；在市场与计划减少时，又能迅速地停止产品，避免最前工序生产过多，造成积压。

5. 交货期最短，生产效率高

"一个流"的模式应用到从产品设计到推出产品、接受订单、实际生产等所有作业中，使所有的相关作业形成不间断的流程，从而缩短从原材料投入到最终产品产出的时间消耗，使得存货空间、生产周期显著缩减，促成最短的交货时间，促使生产效率提高。

6. 及时发现问题点，彻底迅速解决问题

"一个流"生产方式要求一旦工序中断，整条线即刻停线，这迫使现场团队必须迅速地想尽办法发现问题所在，进行异常处理，并由专业的生产线修理员或全技员全力处理，以保证处理质量，立即恢复生产。

7. 有利于显著提升产品质量

在"一个流"生产中，每一个作业员都是质量监控者，不让问题进入下一道工序。若未能发现某件产品存在瑕疵，而让其流入下一工序时，则下一工序的操作员会非常迅速地检测到此问题，迅速彻底解决，这样可避免批量性不良，及时有效追溯，因而大大提高产品的质量。

8. 不需要高性能的、大型化的设备，减少投资

使用小型化的设备，能降低投资，有效提高设备与人同步作业的效率，同时可减少操作者的操作幅度，降低劳动强度和提高工作舒适度。

9. 减少管理成本，确保财产安全

在"一个流"生产中，物料和产品在制情况一目了然，给物料的清点及管理带来便利，也有利于迅速彻底解决异常问题，有利于减少管理者工作强度和数量，以最大限度地杜绝各种浪费现象。

7.2 批量生产与"一个流"生产比较

尽管在很多先进企业中应用"一个流"生产，但在我国大多数工厂仍然是沿用批量生产方式。那么，批量生产方式和"一个流"生产方式究竟有哪些区别，见表7-1。

表7-1 批量生产方式和"一个流"生产方式的区别

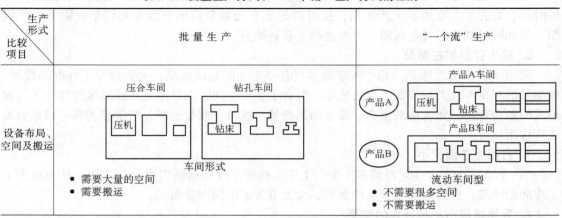

（续）

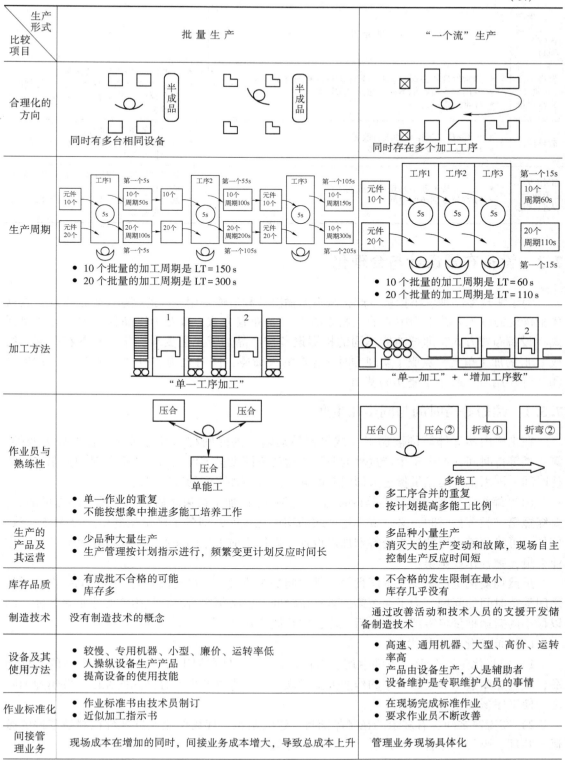

(续)

生产形式 比较项目	批量生产	"一个流"生产
发现不良问题及异常对策	• 异常发现能力低，只有在发生大的问题时才会知道 • 专门的人员收集不良问题及异常数据 • 异常对策的时间长	• 小的问题和症状也能发现 • 作业者进行现场异常、正常的判断，并在现场分析异常发生原因，采取措施解决
改善活动	• 干部/员工根据计划进行改善 • 根据上级指示按计划实施	• 在每天的生产活动中进行改善 • 日常活动中推进专项改善活动（品质、效率提高等）
工作方法革新与人员训练	• 工作方法革新不是现场人员的工作 • 没有教育训练的空间	• 技术员协助挑战困难，实现真正需要的目标 • 制订长期计划，对员工进行训练，使其技能提高

7.3 设备布置设计与合理化

为了实现多品种、小批量生产，减少运输次数和运输费用，以此缩短生产前置期，这就要把传统的以工艺技术为中心的"机群式"设备布置方式，改变为以品种为中心的"单元式"设备布置方式，即把功能不同的机器设备按产品加工工艺要求，集中布置在一起，组成U形的加工单元，克服了实现准时化生产的大障碍，同时也为实行"一人多机"式生产和"弹性用工"打下了坚实的基础。

7.3.1 缩短等待时间与同步化生产

在工序内零部件等待被加工（或等待被运输）的时间称为等待时间，它可分为两类，第一类等待时间，即由于生产过程的非均衡化使不同批量零件之间产生等待时间；第二类等待时间，即因生产运输批量过大而引起的同一批量零件之间的等待时间。

（1）缩短第一类、第二类等待时间 当整批零件加工结束之后，另一批零件方可加工，要缩短第一类等待时间，必须实现生产线的均衡化生产，即各工序单位的生产量保持一致。例如，可将两道工序的连接处特别加以设计，以便于前工序的作业人员主动帮助后工序的作业人员，弥补作业延误。

虽然均衡化生产减少了不同批量零件之间的等待时间，可是没有解决减少同一批量零件之间等待时间的问题。为了缩短第二类等待时间，就必须实行小批量生产和小批量运输，即以最小的搬运批量将零部件传往后工序，实行同步化生产。

（2）同步化生产的优点

1）同步化生产在于"单件生产、单件传递"，一旦在加工过程中出现不合格的零件制品，就会立刻被相邻两道工序的作业人员发现，马上查清产生不合格品的原因，并迅速消除之，使工序恢复正常生产。

2）在工序之间没有多余的在制品储备，这就避免了现场作业人员进行在制品零件的搬运、整理、码放、保管、养护。

3）生产线上的"生产周期时间"是相同的，生产线上每位作业人员之间的生产负荷差异和生产技能差别很容易被发现这样有利于立刻有针对性地找出相应的解决办法，以此维持生产线的平衡。

总之，批量同步化生产有利于缩短等待时间、减短生产周期和提高生产效率。

7.3.2 传统的设备布置方式及其缺陷

众所周知，产品的生产和零部件的加工都需要多种生产设备和加工机器，而且这些机器设备按一定规则布置在车间生产现场。不同的设备布置方式具有不同特点，传统的设备布置方式的主要种类及其特点见表 7-2。

表 7-2 传统的设备布置方式的主要种类及其特点

设备布置方式	定义与优缺点	图 例
"一人一机"设备布置方式	定义：最简单的人机配置方式是"一人一机"制，即一位作业人员只在一台机器上工作 优缺点：这种方式的最大缺陷是作业人员的工作效率太低。因为当机床加工工件时，作业人员只能站在旁边等候，白白浪费了大部分工时	车床① 车床②
"鸟笼式"设备布置方式	定义：常常把多台机床布置成为三角形或者菱形，组成一个个"一人多机"的工作站，即"鸟笼式"设备布置方式 优缺点：它比"一人一机"配置方式，大大减少了作业人员的待机时间，使工时得到充分利用，生产效率高。但是，这种配置方式的缺点是增加作业人员单位时间内的生产数量，必然会出现过量生产	铣床①②④③ 铣床 铣床 铣床
"孤岛式"设备布置方式	定义：根据零部件的加工工艺顺序被集中布置在一起，由一位作业人员操作，即"孤岛式"设备布置方式 优缺点：这种"孤岛式"设备布置方式能够使得工件制品在各"孤岛"内的各种机床之间连续平稳地流转，而且缩短了"孤岛"内作业人员的连续步行路线和工件制品的运输时间，有助于形成"孤岛"内的单件生产和单件传递。但是，这种配置方式要求作业人员必须是"多技能作业员"，作业人员将会被相互隔离，难以提高工作效率；整体上没有减少运输时间和费用，免不了过量生产和不必要的零件制品的产生，从而没能解决生产系统柔性化的问题，在市场需求发生变化时，生产系统难以迅速重新调整	钻床① 铣床② 车床③
"直线式"设备布置方式	定义：打破"孤岛"，把生产某种零部件所需要的所有加工设备一字排开，即"直线式"。 优缺点：消除生产过程中各个"鸟笼"中或者各个"孤岛"中不必要的零部件在制品的库存，从而使加工工件能够迅速而且平稳地在生产线上各个工序之间流动，有助于单件生产、单件传递的全线实现。但是，"直线式"设备布置方式不便于把各生产线上的零星工时集中起来加以有效利用，也不便于整数调整作业人员人数	钻床① → 车床② → 铣床③ → 磨床④ → ⑤

7.3.3 U 形生产线布置

为了适应多品种、小批量生产，改进传统设备布置方式的缺陷，设计并采用了新型设备布置方式，其中最典型的就是 U 形布置方式。这种设备布置方式的特点是，按照零件加工工艺的要求，将所需要的机器设备串联在一起，布置成为 U 形生产单元，在此基础之上，将几个U形生产单元结合在一起，连接成一个整合的U形生产线。

1. U形设备布置方式

U形设备布置方式是以零部件的加工过程为中心，按照工艺要求，将所需要的设备依工艺顺序组成一个一个的生产单元，并把每个生产单元中设备由"直线"弯成U形"折线"，类似英文字母"U"，因此称为U形生产线，如图7-2所示。

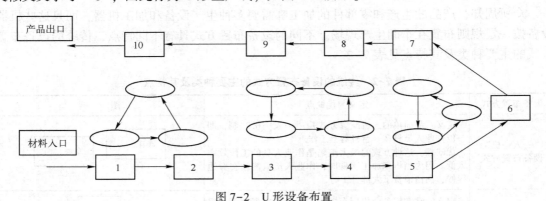

图7-2 U形设备布置

典型的U形布置是依逆时针方向按照加工顺序来排列生产线的，使得生产流程的出口和入口尽可能靠近，因此U形设备布置方式是有弹性的生产线布置方式，具有以下几个优点：

1）由十几台机器设备按加工工艺顺序排列组成一个U形的生产加工单元（或生产线），其设备布置紧凑，方便了工件制品的传递，减少了工件和产品的运输时间和运输成本，有助于控制生产周期，不会生产出多余的在制品。

2）在U形生产线中，第一道工序与最后一道工序由同一个作业员来操作，便于控制生产线节奏，控制生产的标准数量。进料与出货都由一名员工操作，便于质量检验与控制。

3）由十几台机器设备排列组成的U形生产单元，可以使生产单元内的作业人员们操作的多工序形成圆形，每一道工序与最后一道工序相邻在U形的两边，步行距离最短，这就能提高作业人员的工作效率和整条生产线的效率。

4）生产线布局紧凑，小批量连续生产时，员工之间密切联系，生产过程中暴露问题时，员工可以及时发现问题，现场相互探讨问题解决方案，并立即解决问题。

5）出口和入口都在同一个位置，所以只需一位作业人员就能同时处理，按需求量变化增减单元内的作业人员数，以适应产品产量需求的变化。

2. U形生产线

可以把几个作业人员的工作U形加工单元连接成一个U形生产线，遵循标准作业程序，现场管理人员能够在产品产量需求变动时，方便地调整每一线上的作业人员的工作量，集中并充分利用零星工时，以此增减生产线上的作业人员数。例如，某U形生产线由12台机床组成，在生产周期时间为1min的情况下，每位作业人员可以操作3台机床，故需要4名作业人员。当产品产量超过需求时，生产速度应该减慢，故生产周期时间变为1.5min。在这种情况下，每位作业人员能够看管5台机床，故该加工单元需要2.4位作业人员。但因没有0.4人，故应安排3名作业人员，这样可以整数减少1名作业人员。

【例 7-1】某汽车配件制造公司生产布局改善

某汽车配件制造公司有注塑、装配、检查、包装四个车间,整个生产加工流程为注塑→装配→检查→包装。该公司所有产品都要经过四个车间加工之后才能最终完成。如图 7-3 所示为改善前、第一次改善和第二次改善的生产布局,具体内容见表 7-3。

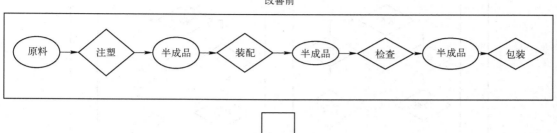

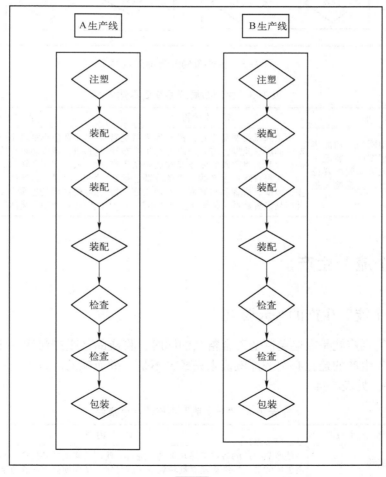

图 7-3 生产布局改善前后

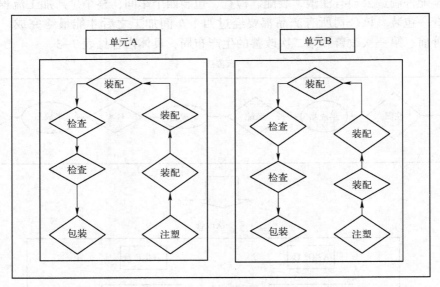

图 7-3 生产布局改善前后（续）

表 7-3 生产布局改善前后具体内容

改 善 前	第一次改善	第二次改善
机器设备按照相同加工功能集中放置，即按注塑车间、装配车间、检查车间和包装车间配置设备。每种产品在出厂前都要经过这四个车间	为了降低在制品库存，提升生产系统对市场的反应速度，该公司决定对生产布局进行改善，将原来的四车间变成两条生产线，实现直线形生产线。每条线都包括注塑、装配、检查和包装四个生产工序，每种产品只要经过一条线就能完成生产	为了适应小批量生产、多样化需求的市场特点，该公司将直线形生产线改为U形生产线。实现了在制品连续流动，基本不停顿，存量少；产品生产周期短，操作者作业时占用的空间比较小，搬运距离短；随需求量变动，灵活调整人数与产量

7.4 "一个流"生产

7.4.1 "一个流"生产的八大要点

"一个流"生产就是在避免制造不合格品的同时，将成品经生产流程一个一个地制造出来。"一个流"生产的建立必须按部就班来完成，不是一蹴而就的。建立"一个流"生产需以下八个条件，见表 7-4。

表 7-4 "一个流"生产的八个条件

"一个流"生产的八个条件	具 体 内 容
单件流动	使产品生产的各道工序几乎同步进行，使产品实现单件生产、单件流动，实现前一道工序的加工一结束就立刻转到下一道工序，从而使得工序在制品的数量接近于零
按加工顺序排列设备	按照不同产品加工制造所需使用到的机器、设备及其加工顺序排列布置起来，这样可以消除搬运上的浪费，也避免孤岛设备现象的出现，尽可能使设备的布置流水线化

(续)

"一个流"生产的八个条件	具 体 内 容
按节拍进行生产	设法让生产慢的设备快起来，生产快的设备适当降低速度，要求各道工序严格按照一定的节拍进行生产，从而使整个生产过程顺畅，实现生产速度的同步化
站立式走动作业	为了调整生产节拍，有可能需要一个人同时操作两个或多个设备，这就要求作业人员不能坐着工作，而应该采用站立走动的作业方式，从而提高工作效率
培养多能工	采取依产品类别而设计的垂直式布置，要求工人能够操作多台生产设备，可以通过培养多能工来均衡整个生产节拍，这还有利于人员的增加或减少，实行少人化的作业方式
机器设备的小型化	采用小型、便宜的设备。在不影响生产的前提下，越便宜的设备越好，这样不但投资少，而且灵活性高，品质很稳定，故障率也低
生产线布置的U形化	为了达到"入出一致"的原则，要求将生产设备按照U形来排列，从入口到出口形成一个完整的U形，即投入点与取出点都必须在同个工作点，这样可以大量地减少由于不同工序之间的传递而造成的走动，使物流过程顺畅，减少时间和搬运的浪费，以节省人力，提高生产效率
作业标准化	要求每一个岗位、每一道工序都有一份作业指导书，然后检查员工是否按照作业指导书的要求工作，这样能够强制员工严格按照既定的生产节拍进行生产

7.4.2 "一个流"生产的推行步骤

要将现有的传统生产方式改变成"一个流"生产方式，可依照下列的步骤来进行，如图7-4所示。

步骤一：总体动员及培训，建立全员改革的意识
使全体人员深刻了解什么是真正有价值的作业

步骤二：成立示范改善小组
由生产管理、工程、品管、工业工程等不同部门人员的骨干人员组成

步骤三：选定示范生产线
选取订单、质量较稳定的产品及对应生产线作示范，建立改善目标及KPI（Lead Time、在制品、人均产能、合格率、损失工时等指标）管控

图7-4 "一个流"生产的推行步骤

步骤四：现状调查分析

充分了解该产品的生产状况(生产流程图、生产线布置方式、生产数量、人员配置、设备的稼动率、设备瓶颈状况、在制品的库存数量、生产的制程时间及生产占用的空间，以及每一个制程所需要的加工时间和人力时间等)

步骤五：设定生产节拍

以生产节拍为依据，生产节拍随生产时间及订单量的变化而变化

步骤六：决定设备、人员的数量

根据生产节拍、各制程的加工时间和人力时间，计算出各个制程的设备需求量和作业人员的需求量

步骤七：布置"一个流"的生产线

要依据制程加工顺序、排列和组合设备及人员的工序顺序，设备尽量拉近以减少人员走动及物品搬运的距离，设备必须小型化、滑轮化、专用化，使得作业员无论是坐着、站着或走着都能工作，以增加工作的灵活性

步骤八：配置作业人员

将各制程分配到每一个作业员，使得每一位作业员所分配到的制程人力时间的总和能与"生产节拍"完全一致；同时必须要有能操作多项制程的多能工，以便充分地利用人力时间

步骤九：单件流动

先将原有的大批量生产变为单盒、单盘、单片等小批量的生产方式，然后再逐步过渡到单件流动的生产方式；建立"一工序中断，整条线停线"及"正常生产中不进行异常处理"等机制，保证产品能一片一片连续性流动

图 7-4　"一个流"生产的推行步骤（续）

步骤十：维持管理与改善
流线化生产线以及人员作业配置好之后，会出现各种意想不到的问题，应尽量改善，对于人员的排斥，现场的管理者就更应多做沟通说明让其接受。同一产品多条生产线不同班次间建立竞争机制。用控制图进行长期推移管理，检查平均值是否达标，变异是否合理

步骤十一：标准化及水平展开
等到作业人员习惯了新的作业方式，而且生产线也逐渐安定下来，再进行示范线观摩学习，并建立一整套作业管理机制及标准化文件，并在全工厂内推广

步骤十二：迈向无人化生产
继续朝减少生产线的作业人员而努力。先减少人员，再朝个人操作整条生产线的方式迈进，最终实现无人化生产

图 7-4 "一个流"生产的推行步骤（续）

本 章 小 结

单元生产与精益生产的"一个流"的设计思维几乎相同，目的都是为了压缩库存和交货期。世界先进的工业国家，有着30年历史的精益生产"一个流"U形线和单元生产被同时应用，都被用来作为解决多品种、小批量生产的有效工具。

"一个流"生产，就是将作业场地、人员、设备合理配置，按照一定的作业顺序群，零件一个一个地依次经过各工序设备进行加工、移动，使产品从投入到成品产出的整个制造加工过程中，始终处于不停滞、不堆积、不超越，按节拍一个一个地流动的生产方法。

实施"一个流"生产的优点为最短生产周期；减少存货和在制品；占用生产面积小；容易适应市场与计划的变更；交货期最短，生产效率高；及时发现问题点，彻底迅速解决问题；有利于显著提升产品质量；不需要高性能的、大型化的设备，减少投资；减少管理成本，确保财产安全等。

在U形线中，第一道工序与最后一道工序由同一个作业员来操作，便于控制生产线节奏，控制生产的标准数量，便于质量检验与控制。

"一个流"生产的八个条件为单件流动；按加工顺序排列设备；按节拍进行生产；站立式走动作业；培养多能工；机器设备的小型化；生产线布置的U形化；作业标准化。

"一个流"生产的推行步骤：总体动员及培训，建立全员改革的意识；成立示范改善小组；选定示范生产线；现状调查分析；设定生产节拍；决定设备、人员的数量；布置"一个流"的生产线；配置作业人员；单件流动；维持管理与改善；标准化及水平展开；迈向

无人化生产。

思考与练习题

一、单项选择题

1. （　　）就是"一个流"生产方式要求一旦工序中断,整条线即刻停线,这迫使现场团队必须迅速地想尽办法发现问题所在,进行异常处理。
   A. 交货期最短,生产效率高　　　　B. 容易适应市场与计划的变更
   C. 及时发现问题点,迅速彻底解决问题　D. 减少存货和在制品

2. （　　）就是采用"一个流"生产,每个工序最多只有一个在制品或成品,大大减少了在制品数量。
   A. 交货期最短,生产效率高　　　　B. 容易适应市场与计划的变更
   C. 及时发现问题点,彻底迅速解决问题　D. 减少存货和在制品

3. 根据零部件的加工工艺顺序被集中布置在一起,由一位作业人员操作,即（　　）设备布置方式。
   A. "鸟笼式"　　B. "一人一机"　　C. "孤岛式"　　D. "直线式"

4. （　　）制,即一位作业人员只在一台机器上工作。
   A. "鸟笼式"　　B. "孤岛式"　　C. "一人一机"　　D. "直线式"

5. 为了适应多品种、小批量生产,改进传统设备布置方式的缺陷,设计并采用了新型设备布置方式,其中最典型的就是（　　）。
   A. "鸟笼式"　　　　　　　　　　B. "一人一机"
   C. "孤岛式"　　　　　　　　　　D. U形布置方式

6. （　　）实现前一道工序的加工一结束就立刻转到下一道工序,从而使得工序在制品的数量接近于零。
   A. 按加工顺序排列设备　　　　　　B. 按节拍进行生产
   C. 单件流动　　　　　　　　　　D. 站立式走动作业

二、填空题

1. "一个流"生产方式可以将多个生产工序及检验工序和运输工序合为一体,从而减少了工序间的隔离,合理地利用了（　　）,大大节省了（　　）。

2. "一个流"的模式应用到从产品设计到推出产品、接受订单、实际生产等所有作业中,使所有的相关作业形成不间断的流程,促使（　　）提高。

3. 在"一个流"生产中,（　　）都是质量监控者,不让问题进入下一道工序。

4. 要求各道工序严格按照一定的节拍进行生产,从而使整个生产过程顺畅,实现生产速度的（　　）。

5. 通过培养（　　）来均衡整个生产节拍,这还有利于人员的增加或减少,实行少人化的作业方式。

6. 从入口到出口形成一个完整的（　　）形,即投入点与取出点都必须在同个工作点,这样可以大量地减少由于不同工序之间的传递而造成的走动,使物流过程顺畅,减少时间和搬运的浪费,提高生产效率。

三、判断题（正确的打"√"，错误的打"×"）

1. 与批量生产方式相比，在"一个流"生产中，如每次只加工一件，就能减少批量等待的时间，为此大大增加了生产周期。（　　）

2. 同一产品按"一个流"生产方式，在市场与计划增加时，能迅速地停止产品，避免最前工序生产过多及造成积压。（　　）

3. 在U形线中，第一道工序与最后一道工序由同一个作业员来操作，便于控制生产线节奏，控制生产的标准数量。（　　）

4. 流线化生产线以及人员作业配置好之后，会出现各种意想不到的问题，没必要改善。（　　）

5. 要求每一个岗位、每一道工序都有一份作业指导书，然后检查员工是否按照作业指导书的要求工作。（　　）

6. 作业人员坐着工作，不采用站立走动的作业方式，会提高工作效率。（　　）

7. 采用小型、便宜的设备，不但投资少，而且灵活性高，品质很稳定，故障率也低。（　　）

四、简答题

1. 什么是"一个流"单元生产方式？
2. 试述传统的设备布置方式的主要种类及其特点。
3. 请比较批量生产与"一个流"的生产特点。
4. 实施"一个流"生产的优点有哪些？
5. 如何理解"一个流"生产的八个条件？
6. 如何推行"一个流"生产？

第8章 均衡化生产

学习目标：

- 理解均衡化生产的定义及其优越性。
- 了解总量均衡和品种均衡的定义和方法。
- 掌握均衡化生产渐进实现方法。
- 了解生产线平衡分析的概念与基本步骤。
- 掌握生产线平衡的改善内容和方法。
- 了解实施快速换线换模的好处和内容。
- 掌握快速换线换模的实施步骤和方法。

8.1 均衡化生产概述

随着当今企业产品向市场成熟化、生产科技化、产品个性化方向发展，越来越多的企业遇到各种问题，如市场需求由原来的单一化向多元化的方向发展；企业所能接到的订单，品种要求越来越多，但单品数量却越来越少，交货期越来越短等。这些问题会直接影响企业的生产。在生产中经常会出现生产不均衡的现象，即有时工作量超出人员或机器设备负荷，有时工作量不足。这些不均衡的问题来自不合理的生产日程，或是因为内部问题（如停工、零部件遗失、出现次品等）而导致的产量波动，或是工位能力最低易造成生产瓶颈，工位能力最高易产生库存。工厂中生产线各工位和设备的生产能力不平衡，会引起浪费。

如图8-1所示为某精密机械公司某生产线各工序的情况，各工位的生产能力不均衡，②能力最低易造成生产瓶颈，③能力最高易产生库存，这种能力不均衡会引起浪费。因此，要尽可能地减少这种不平均的产生，即消除不平均现象的均衡化。

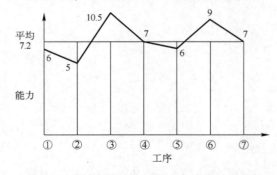

图8-1 某精密机械公司某生产线不平均现象

面对追求个性化、多品种、少批量的市场，必须采用均衡化的生产方式。依据客户所需的产品种类和数量，在交货期限内完成交货手续，才是未来精益生产也是基于按照客户需求进行拉动式生产的新生产管理模式。

8.1.1 不均衡生产和均衡化生产比较

现在，在许多实行传统生产作业的公司，其生产仍然停留在大批量、单品种生产模式，采用分段生产方式，预定生产日程表，即生产完一种产品以后再去生产另外一种产品。因此，生产流程经常不均衡，给流水作业造成非常明显的波动，使得员工与生产设备的工作量超出了效率负荷量，整个生产流程比较混乱，从而导致生产流程中的浪费，提高了库存。因此，在市场对产品种类的需求越来越丰富，单种产品的批量越来越小，交货期越来越短的情况下，企业只有从传统生产方式向均衡化生产方式转变，才能适应市场多品种、小批量产品的要求。均衡化生产具有很强的柔性，增强了企业竞争力。不均衡生产和均衡化生产的优缺点比较见表8-1。

表8-1 不均衡生产和均衡化生产的优缺点比较

不均衡生产的四个缺点	均衡化生产的四个优点
顾客购买产品的情形通常是无法预期的	在顾客需求时，弹性地根据其需求来生产，便可降低工厂存货及因为存货量过高而产生的其他问题
有未能售完货品的风险	工厂只依照顾客订单来生产，就无须担心堆积与整理存货的成本
资源的使用不均衡	平衡员工与机器设备的使用，创造标准化的工作，使生产平均化
对上游流程造成不均衡的需求	使上游流程及此工厂的供货商面临平稳的需求

例如，某工厂生产A、B、C、D四种产品，表8-2是四种产品一星期的订货数量，如果按照订货的数量进行生产，那么工厂每天需要的最大生产能力是生产12个A产品、15个B产品、50个C产品、22个D产品的员工和设备；而采用均衡化生产则只需要保持生产7个A产品、8个B产品、30个C产品、16个D产品的员工和设备就可以了。均衡化生产与不均衡生产需要保持的最大生产能力的差，如图8-2所示，均衡化生产可以节省员工和设备投资。

表8-2 不均衡生产与均衡化生产所需要保持的最大生产数量 （单位：个）

日期\数量品种	A产品	B产品	C产品	D产品
9月15日	8	11	50	15
9月16日	4	9	40	18
9月17日	10	4	12	16
9月18日	7	15	24	15
9月19日	12	6	36	11
9月20日	5	8	10	22
9月21日	3	3	38	14
平均	7	8	30	16

（注：C产品50、B产品15、A产品12为不均衡生产每天生产的最高生产数量；D产品22为均衡化生产每天需要的生产数量）

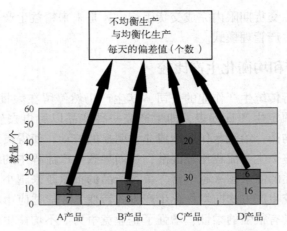

图 8-2　不均衡生产与均衡化生产的偏差值

8.1.2　均衡化生产的定义及其优越性

均衡化生产是指生产车间、产成品总装生产线在向前工序、车间领取零部件时，应均衡地使用各种产品系列的零部件，均衡配置生产资源，按照客户需求的顺序和数量，均匀、混合生产各种产品，以最低的产品库存和灵活的生产组织能力应对不断变化的市场挑战。

均衡化生产是实现精益制造即"准时化（JIT）"生产的必要条件，也是当今制造型企业选择的新型的生产运作模式，是适应新的市场环境条件下的生产管理技术，应对多品种、少批量的生产制造要求。均衡化生产就是使工作日程均衡化，以稳定生产制度以及使流程保持均衡。如果以最小批量生产成品，采用均衡化生产方式就不会导致浪费。

这种以多品种、小批量产品柔性生产为特性的均衡化生产，具体的优越性有以下几点：

1) 可以根据顾客的需求，有弹性地进行组织生产。均衡化管理减少批量，使每一个产品制造周期缩短，大大提高了市场响应能力。

2) 可降低制程间在制品和成品库存，减少公司因存货而造成的风险。由于装配需求的稳定化，可有效避免制造过剩的浪费；一个流动式的整流生产，可减少产品在生产流程间的滞留；成品及时出货，减少成品在仓库的滞留。在此基础之上，工厂的存货减少了，因为存货而导致的堆放、整理、搬运、厂房、管理等方面的浪费也就消除了。

3) 可缩短生产提前期的平均时间。因采用"一个流"或小批量的生产与搬运，每一个或每一批量产品的平均生产提前期可以缩短，随之对市场的需求变动，其适应能力也会提高。

4) 可以让零件的使用量稳定化。因为使用的物料将按照稳定的速度、稳定的需求比例进行消耗，所以装配线上的零件使用量和从前面流程的零件领取量都将会稳定化，向零部件仓库领取的零部件类别和数量也较稳定，向供应商订货数量较稳定，人力负荷也稳定化，从而提高了利用率。

5) 让员工与机器设备处于合理的调配状态。实现标准化作业，进行均衡化生产，合理解决了某些产品不同工种、不同产品之间因为调配不合理而造成的浪费问题。

6) 使资源达到合理的配置，削减了资源的浪费。均衡化生产使得上游即时生产，让供货商获得稳定平均订单，生产部门每天均衡供应货物。这样既减少了资源调配上的浪费，又节省了存货的成本。

7）在均衡化生产的条件下，工人每天都要生产不同种类的产品，这种高频率切换的生产方法，使得工人对这几种产品的操作越来越熟练，提高劳动效率。

【例8-1】批量生产的均衡化

在图8-3a中，如果后道工序（组装工序）的生产不均衡，那么后道工序在组装A产品时，生产A零件的前道工序比较繁忙，但在后道工序转移到生产B产品时，则生产A零件的前道工序又变得空闲了，这时就需要在繁忙的时候，投入更多设备和人力、库存来应付，因此很容易造成资源上的浪费。为了避免这种浪费，后道工序不应采用集中连续的顺序装配同一产品，而应采用在某一单位时间内各品种按均等比率均等装配，即均衡化生产，如图8-3b所示。这样前道工序的负荷就会减少，使每日平均生产成为可能。

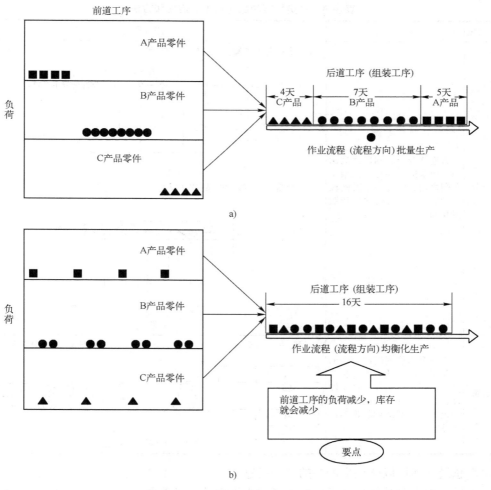

图8-3 批量生产的均衡化
a) 批量生产的不均衡 b) 混合流水线生产的均衡化

丰田公司为防止在某一段时间内集中领取同一种零部件，从而造成前方工序闲忙不均、生产混乱的情况，在总装线总是以最小批量装配和输送制成品的方式，实现"单件"生产和输送效果。与此同时，总装线也以最小批量从前工序领取必要的零部件。

8.2 均衡化生产管理

均衡化生产是多品种混合流水线生产（简称"混流生产"）中的一个概念，均衡生产是精益生产的基础，均衡化生产就是要求生产平衡地、均衡地进行。均衡化生产包括总量均衡和品种均衡两方面的内容，均衡化不仅要达到产量上的均衡，而且还要保证品种、工时和生产负荷的均衡。所以，它实际上是均衡生产的高级阶段。

总量均衡和品种均衡的定义和方法见表8-3。如果采用总量均衡的办法，使日产量保持一致，如此总产量没减少，但可以减少人员及生产要素，成本也随之降低。

表8-3 总量均衡和品种均衡的定义和方法

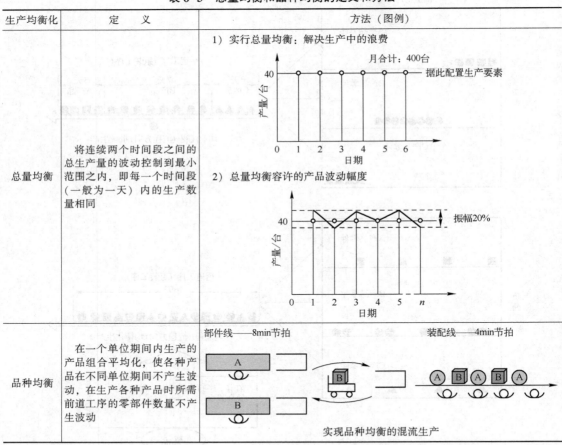

生产总量均衡可以解决生产中的浪费问题。一方面，生产过程中存在的变动，是工厂的设备、人员、库存及其他各种必要的生产要素引起的，必然要按照满足生产量的高峰期进行配置，从而造成在生产减量时生产人员、库存等方面的浪费；另一方面，由于最终的生产没有实施总量均衡生产，在拉动式生产方式下必然使得前道工序或供应商为了保证后面工序的正常生产不得不保持人员、设备和库存上的浪费。

【例 8-2】 改进前后的月生产排程

某汽车零部件公司某月有四种部件 Q_1、Q_2、Q_3、Q_4 需要生产。Q_1 部件的需求数为 1200 件，Q_2 部件为 600 件，Q_3 部件为 480 件，Q_4 部件为 120 件。假如每月工作日 24 天，则传统生产计划安排为前 12 个工作日先将 Q_1 部件生产完毕，然后 6 天生产 Q_2 部件，继而 4 天生产 Q_3 部件，最后 2 天生产 Q_4 部件，见表 8-4。这是一种常见情况，称为分段生产。虽然这种传统的大批量生产的方法可以节省作业转换时间，但是，与市场需求会出现很大的差异，即在某时势必使一部分产品供大于求，销售不出去，造成积压。同时，另一部分产品生产不出来，供不应求，发生缺货。无论是哪种情况都会造成损失和浪费。由表 8-4 可以看出，Q_1 部件通常会导致较长时间的库存，而 Q_4 部件只有两天有货可供，其他时间都没有。

表 8-4 传统的生产排程 （单位：个）

产品	总量	1	2	3	4	5	6	7	8	9	10	11	12	13	14	15	16	17	18	19	20	21	22	23	24
Q_1	1200	←———————— 1200 ————————→																							
Q_2	600													←———— 600 ————→											
Q_3	480																			←—— 400 ——→					
Q_4	120																						←— 200 —→		

为了满足需求的多样性，可以进行如下改进：

可以减少生产批量，每天生产 Q_1 部件 50 件，Q_2 部件 25 件，Q_3 部件 20 件，Q_4 部件 5 件，见表 8-5。一个月 24 天每天重复 1 次，共 24 次，这样每天都可以生产出 Q_1 部件、Q_2 部件、Q_3 部件和 Q_4 部件，产品积压与短缺的情况将大大减少，企业内部生产资源利用率也大大提高。但是，此时（每天重复 1 次）作业切换次数为原生产安排（每月重复 1 次）的 24 倍，作业转换的辅助时间大大增加。为避免这种损失，就要设法减少每次作业转换时间。如果将作业转换时间降为传统方式的 1/24，就可以弥补这种损失。

表 8-5 改进后的月生产排程 （单位：个）

产品	总量	1	2	3	4	5	6	7	8	9	10	11	12	13	14	15	16	17	18	19	20	21	22	23	24
Q_1	1200	←———————————— 50 个/日 ————————————→																							
Q_2	600	←———————————— 25 个/日 ————————————→																							
Q_3	480	←———————————— 20 个/日 ————————————→																							
Q_4	120	←———————————— 5 个/日 ————————————→																							

如果进一步细化生产单位，1 天内部件 Q_1、Q_2、Q_3、Q_4 按照 10:5:4:1 的比例进行轮番生产，见表 8-6。这种日生产排程不仅使得在更短的周期内产品种类出现的比率是均衡的，而且使在这些产品的生产中消耗的前工序的零部件数量尽量小的波动。

表8-6 改进后的日生产排程　　　　　　　　　　　　　　（单位：个）

产品	总量	某月生产计划									
		8:00	9:00	10:00	11:00	12:00	13:00	14:00	15:00	16:00
Q_1	1200	←──────────── 50 ────────────→								
Q_2	600						←──── 25 ────→			
Q_3	480							←── 20 ──→		
Q_4	120									←─5─→

【例8-3】丰田汽车公司均衡化生产

丰田汽车公司一个下属工厂实施了均衡化生产。这个厂共有两条生产线，轮流生产"卡罗拉牌"和"佳美牌"的汽车。一般情况下，上午生产"卡罗拉牌"，下午就生产"佳美牌"。

为了实现在一条总装配线上生产多品种的"卡罗拉牌"汽车，丰田公司按照产品数量均衡和品种均衡的要求，依据日生产计划量和产量比的规定，进行混合装配。

1）均衡取料，减小负荷波动。丰田公司的"卡罗拉牌"轿车，其型号多达3000种。这些不同型号的汽车是由不同类型的发动机、变速器、轮胎、车体和附属件组装而成的。丰田公司的总装车间采用混合装配方式，实现均匀地生产各种类型的零部件，并被均匀地运抵总装配线，确保上游加工工序生产负荷的平稳。

2）交错式排程，提高工作效率。丰田公司十分重视装配顺序排程，车型是交错排序的，把装配复杂车型时超出标准周期时间的作业，可以在紧接着的简单车型装配时出现的宽裕时间内消化掉，从而避免了局部时间段的负荷集中。采用交错装配方式，不但保证了总装配线均匀地向上游加工工序领取各种零部件，而且也保证了上游工序的均衡化生产，提高了装配线的工作效率，大大增多了单位时间内的产品种类，能够迅速适应市场需求的变化。

8.3 均衡化生产渐进实现方法

企业推进均衡化生产是一项渐进实现的系统工程。均衡化生产就是在整体的生产组织方面实现了产品的数量均衡、种类均衡和顺序均衡。推进均衡化，势必会遇到涉及排产、质量、生产线平衡等方方面面的问题。如果等到以上这些问题都解决了再来推进均衡化生产，就会延长时间，而且很难反映改善的效果。因此，可以采取渐进均衡化的方式来实现。

渐进的均衡化方式是指通过由粗到细（月、周、日、小时、分、秒）地制定生产日程表，渐进地暴露问题，推进改善活动围绕均衡目标持续进行，进而保证渐进实现均衡目标。均衡化方式的推进步骤，如图8-4所示。

步骤1：进行PQ分析，选择产品。

采用PQ分析法，即通过PQ图表分析产品种类（横坐标）与产品数量（纵坐标）的关系，分析产品的数量特性方法。根据企业产品的PQ特性不同，所选择的生产方式也应不同。例如，对于种类少、数量大的产品，可以用均衡化的生产方式减少生产过程的流动性，以满足客户需求。而对于种类比较多，产量比较少，差异性大的产品需要采用按订单的生产方式。这种生产方式的关键是缩短整个交货期，提高快速响应能力。而介于两者之间的产

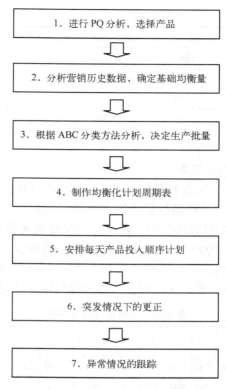

图 8-4 均衡化方式的推进步骤

品,可以通过按库存的生产方式来平抑波动对生产的影响,实现在不打乱排程的情况下,快速响应市场上的突然变化。

步骤2:分析营销历史数据,确定基础均衡量。

为了实现均衡化生产,必须分析近三年的历史营销数据,特别对于一些营销状况不好、订单不稳定的企业,显得尤其重要,以此来初步寻找企业的营销规律。比如,确立营销峰值点,测算平均销售量,确立营销连续出现波动的概率。这里值得注意的是,能够进行营销年度预测、季度预测、月度预测、周预测,并都控制在一定的波动范围内,以提高均衡化生产实现的成功率。

步骤3:根据 ABC 分类方法分析,决定生产批量。

以 10、100 的倍数等容易辨识的单位,构成生产批量,见表 8-7。

表 8-7 产量信息与 ABC 分析

产 品	日产量/件	生产量累计/件	累计比率（%）	生产总量/件	ABC 类别
Ⅰ	600	600	33	合计 1000 平均 500	A 类产品（占总生产量的 56%）
Ⅱ	400	1000	56		
Ⅲ	300	1300	72	合计 600 平均 200	B 类产品（占总产量的 33%）
Ⅳ	200	1500	83		
Ⅴ	100	1600	89		

（续）

产品	日产量/件	生产量累计/件	累计比率（%）	生产总量/件	ABC 类别
Ⅵ	60	1660	92	合计 200 平均 40	C 类产品（占总产量的 11%）
Ⅶ	50	1710	95		
Ⅷ	40	1750	97		
Ⅸ	30	1780	99		
Ⅹ	20	1800	100		

步骤4：制作均衡化计划周期表。

先确定 A、B、C 三类产品的每天平均生产量，然后再具体安排各产品。对于 A 类产品，尽可能安排每天生产；对于 B 类产品尽量以周为单位安排生产（每个循环 3 日~1 周）；而 C 类产品就可以按实际情况统筹安排生产。表 8-8 是最终均衡化计划周期表。从表中可以看出，A 类产品每天生产量为 1000 件，以 500 件作为最小批量安排生产；B 类产品为 600 件，以 200 件作为最小批量安排生产；C 类产品为 200 件，以 40 件作为最小批量安排生产。这样既保持了每天 1800 件的生产量，又使得各个品种得到较好的搭配。

表 8-8 均衡化计划周期表 （单位：件）

日期\产品	1	2	3	4	5	6	7	8	9	10	11	12	13	14	15	16	17	18	19	20
Ⅰ	1000	500	500	500	1000	500	500	500	1000	500	500	500	1000	500	500	500	1000	500	500	500
Ⅱ		500	500	500		500	500	500		500	500	500		500	500	500		500	500	500
A	1000	1000	1000	1000	1000	1000	1000	1000	1000	1000	1000	1000	1000	1000	1000	1000	1000	1000	1000	1000
Ⅲ	300	200	200	300	200	200	300	200	200	300	200	200	300	200	200	300	200	200	300	200
Ⅳ	300	200	200	300	200	200	300	200	200	300	200	200	300	200	200	300	200	200	300	200
Ⅴ		200	200		200	200		200	200		200	200		200	200		200	200		200
B	600	600	600	600	600	600	600	600	600	600	600	600	600	600	600	600	600	600	600	600
Ⅵ	120	80	40	40	40	120	80	40	40	40	120	80	40	40	40	120	80	40	40	40
Ⅶ	40	40	40	40	40	40	40	40	40	40	40	40	40	40	40	40	40	40	40	40
Ⅷ	40	40	40	40	40	40	40	40	40	40	40	40	40	40	40	40	40	40	40	40
Ⅸ		40			40			40			40			40			40			40
Ⅹ		40	40	40		40	40	40		40	40	40		40	40	40		40	40	40
C	200	200	200	200	200	200	200	200	200	200	200	200	200	200	200	200	200	200	200	200
总计	1800	1800	1800	1800	1800	1800	1800	1800	1800	1800	1800	1800	1800	1800	1800	1800	1800	1800	1800	1800

步骤5：安排每天产品投入顺序计划。

在均衡化计划周期表的基础上，可以进一步均衡化，安排每日产品投入生产线的顺序计划，此时，可以参照轮排图的做法。例如，第一个工作日生产Ⅰ、Ⅲ、Ⅳ、Ⅵ、Ⅶ、Ⅷ 6 种产品，可以按照 50∶15∶15∶6∶2∶2（1000∶300∶300∶120∶40∶40）的比例制作出轮排图，如图 8-5 所示。每天需要生产 1800 件产品，其中产品Ⅰ需要 1000 个，产品Ⅲ需要 300 个，产品Ⅳ需要 300 个，产品Ⅵ需要 120 个，产品Ⅶ需要 40 个，产品Ⅷ需要 40 个，依照均衡化生产计划的方式，如最小生产批量按照每个循环生产 200 个产品，一天共 9 次循环，生产节拍为 8×60×60 s/1800 = 16 s。在同一条生产线生产，就可以做成一个圆盘形的轮排图，划分成9个等份，其中，产品Ⅰ以每2个等份安排一个，产品Ⅲ、Ⅳ安排三个，产品Ⅵ、Ⅶ、Ⅷ安排在一个空格内。在实际生产时，可能会发生延迟的情况，可以增设一个自由位，即用自由位的时间来应对生产过程时间的调整，增加生产安排的灵活性。如图8-5所示，可以将圆盘划分为10格，将最后一格规定为自由位格，当这一个循环的时间不能如期完成时，就利用自由位的时间来补救。

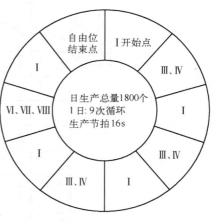

图8-5　轮排图

步骤6：突发情况下的更正。

在突发订单到来时，要保证按期交货，就必须在推进均衡化生产方式时，先要测度连续突发订单的频率以及极限产能，然后通过快速调整排产的方式应对突发订单。这里所使用的排产调整的方法就是本周内完成订单同时补充库存，以减少突增的大订单对后续均衡化生产的影响。

步骤7：异常情况的跟踪。

在推进均衡化生产的过程中，需要持续观察存货的变化、大订单发生的频率和生产过程的稳定性，发现生产问题，找到问题的根本，通过生产日程表控制和拉动生产现场的持续改善，以保证及时应对。

【例8-4】生产均衡柜

实现小批量生产工作有很多方法。有些公司使用一种帮助均衡产品种和生产量的工具，称为生产均衡柜。这种柜子有一列看板插口供每个批量使用，还有一行看板插口供每种产品使用，如图8-6所示。生产均衡柜有3排23列空格，每一横排分别对应S、L、A三种产品；每一列代表单位制造时间，由于8 h正好有24个20 min。因此，24列空格正好代表8 h内生产计划。另外，在生产单元的成品超市中，每个装成品的盒子里都有一张看板，上面标示着以下信息：产品型号（S、L、A）；这个盒子的容量（30件）；成品超市的储位；生产单元的位置。

当生产管理员从成品超市提货时，会拿出盒子里的看板，根据标示的产品放入生产均衡柜对应的格子中，每个格子放一张看板。这样就安排好下一个4 h运货需要的生产计划。接下来，物料操作员每隔20 min，取出相应的看板卡片，交给生产单元的操作员，让他们按照看板生产。

生产均衡柜可以用来管理生产操作的节奏。丰田公司更进一步将生产均衡柜和供应物料挂钩，即物料搬运员从生产均衡柜拿出生产看板，连同相应的空容器送到生产单元。生产完搬运员将装满成品的容器送到成品超市，以用来控制物料提取的节奏，使供应商生产和丰田组装线的节拍时间紧密联系起来。

【例8-5】均衡化生产的改善实例

对于小批量均衡计划而言，70%～80%的产量成了小批量、多周期化的对象。如图8-7所示，A～E是单元生产对象。多周期化的推进方法首先决定多品种流程顺序。均衡化生产的开始是从PQ（产品、产量）分析开始的，在流程顺序上应该考虑缩短生产准备时间和采

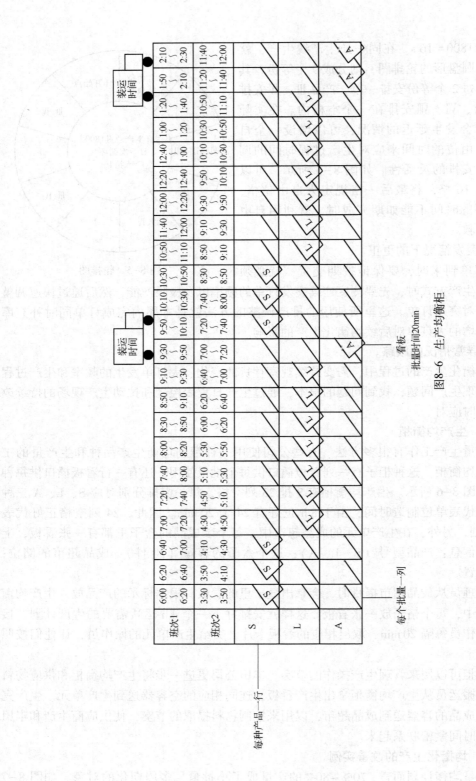

图8-6 生产均衡柜

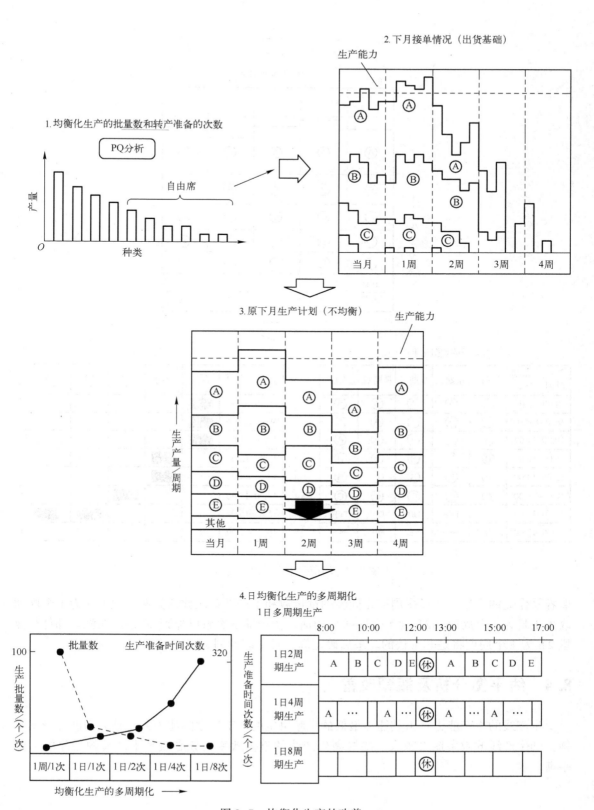

图 8-7 均衡化生产的改善

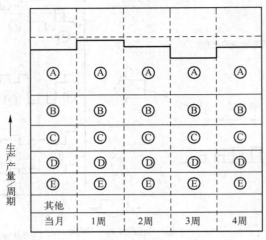

图 8-7 均衡化生产的改善（续）

取容易作业的方法。通过多周期化同步的批量数和生产准备次数的关系，把1周为1个周期改为1日为4个周期（2h为1个周期）的话，生产准备次数增加到20倍。在汽车部件行业里2h为1个周期将是非常快的。最后确定周、日生产计划。

8.4 线平衡分析及瓶颈改善

生产线的生产能力是由其能力最低的工序决定的，工序之间能力差别越大即能力越不平衡，则生产线的效率损失越大。要提高生产线的整体效率，务必改善生产线的工序能力的平衡。

8.4.1 线平衡分析

1. 生产线平衡分析

生产线平衡分析是指分析生产线中各工序的时间差异状态,并将差异时间给予消除,使生产线保持顺畅的方法,也有人称之为"工序平衡分析""工时平衡分析"。

2. 生产线平衡分析的作用

1)可以提高人员、机械的运作效率。
2)可以谋求机械化(省人化)、自动化(省力化)。
3)方便进行新的工序设计或工序编制。
4)可以提高作业效率。
5)可以缩短等待时间。

3. 生产线平衡分析适用场合

1)为了缩短每个产品的生产周期时。
2)生产量变动,为了决定适量人员时。
3)新产品进行生产编制时。

4. 生产线平衡分析的基本步骤

线平衡分析的基本步骤,如图 8-8 所示。

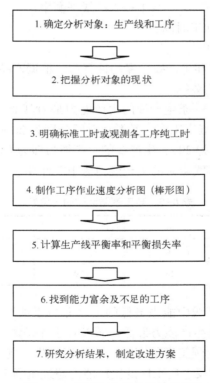

图 8-8 线平衡分析的基本步骤

5. 生产线平衡的计算

由于工序之间生产能力不平衡，造成待工和待料从而导致的工时损失（或能力损失），称为线平衡损失。该部分工时损失占总工时的比率，称为线平衡损失率。衡量生产线平衡状态的好坏，可以用生产线平衡率或平衡损失率来进行定量衡量。

在计算生产线平衡率或平衡损失率前，必须先设定计算的时间基准，即生产周期。决定生产线的作业周期的工序时间是最长工序的时间（Pitch Time），也就是说 Pitch Time 等于 Cycle Time，它可用以下计算方法得到。

生产线的平衡率计算公式如下：

$$生产线平衡率 = 实际作业所需时间总和 / 作业时间总和$$

$$= \sum T_i / (C_i N)$$

式中　T_i——各作业资源加工时间；
　　　C_i——瓶颈工序单位产品产出时间；
　　　N——作业资源数总和。

生产线平衡损失率计算公式如下：

$$生产线平衡损失率 = 非加工时间总和 / 作业时间总和$$

$$= \sum LT_i / (生产节拍 \times N)$$

$$= 1 - 生产线平衡率$$

式中　LT_i——各作业资源非加工时间；
　　　N——作业资源数总和。

掌握了生产线平衡的意义和生产线平衡的计算后，根据产品的生产工艺流程进行数字化的改善分析，以提升综合生产效率。

(1) 生产线的生产能力　一条生产线的生产能力是由其能力最低的工序决定的。例如，某生产线有 A、B、C、D、E 五个工序，其循环时间分别为 20 s、18 s、29 s、25 s、19 s，见表 8-9，则该生产线循环时间为 29 s，生产线的生产能力即为 C 工序的生产能力，假设该工序的有效运转率为 83%，则该线当时的生产能力为 103 件/h。

表 8-9　某工序循环时间一览表

工序名称	A	B	C	D	E
作业人数	1	1	1	1	1
循环时间/s	20	18	29	25	19

(2) 瓶颈工序　一条生产线中能力最低的工序即为瓶颈工序。例如，表 8-9 中，循环时间最长的工序是 C 工序，其生产能力最低，所以 C 工序是该生产线的瓶颈工序。

(3) 线平衡损失　由于瓶颈工序的存在，前工序的生产能力超过瓶颈工序能力，造成前工序因工件积压而待工；相反，后工序的生产能力超过瓶颈工序能力，则会造成后工序因工件供应不及时而待料，如图 8-9 所示。

例如，表 8-9 中，由 C 工序造成每一个作业循环中的其他工序的工时损失分别为 9 s、11 s、4 s、10 s（见图 8-10），合计损失 34 s，平衡损失率为

平衡损失率 = 34/(29×5)×100% = 23.45%

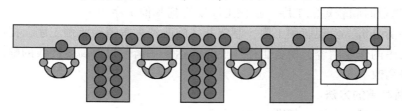

图 8-9 瓶颈工序造成待工和待料

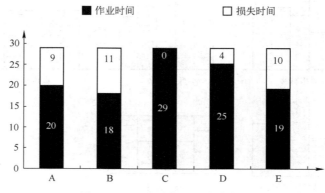

图 8-10 生产线作业速度分布图

（4）线平衡分析　由此对线平衡状况进行分析，可以发现瓶颈工序和线平衡损失状况，从而找到改善空间，推动效率改善，进而提高人员及设备的生产效率，减少产品的工时消耗，同时减少在制品，降低库存，最终降低生产成本。

对生产线的全部工序进行负荷分析，通过调整工序间的负荷分配使之达到能力平衡，最终提高生产线的整体效率，这种改善工序间能力平衡的方法又称为瓶颈改善。

在表 8-9 中，线平衡率和线平衡损失率为

线平衡率 = (20+18+29+25+19)÷(5×29)×100% = 76.55%

线平衡损失率 = 1−线平衡率 = 23.45%

一般来说，平衡损失率在 5%~15% 以内是可以接受的，否则就要进行改善。

8.4.2 线平衡改善

1. 生产线平衡的改善方法与原则

平衡率改善的基本原则是通过提高作业资源的产出，调整工序的作业内容，使各工序作业时间达到平衡。实施时可采用以下方法：

1）对瓶颈工序进行作业改善。作业改善的方法包括对合格率的提升、效率的提高和设备开动率的提高。

2）凭借增加瓶颈工序的作业资源数，提高平衡率。

3）分解瓶颈工序的作业内容，并分担给其他工序。

4）减少非瓶颈工序的作业资源数，以提高平衡率。

5）合并相关工序，重新排布生产工序。相对来讲，在作业内容相对较多的情况下容易

平衡。在精益生产中，可凭借 U 形布局的多能工轻易达到此目的。

6）分解作业时间较短的工序，把该工序安排到其他工序中去。

通过线平衡分析，发现瓶颈工序，制定并实施改善方案消除瓶颈工序，提高作业资源的产出，调整工序的作业内容，使各工序作业时间达到平衡，以提高生产线的整体效率，这个过程就是线平衡改善。

2. 线平衡改善的方法

线平衡改善有四大方法，如图 8-11 所示。

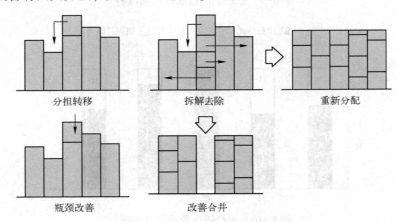

图 8-11 线平衡改善的四大方法

（1）分担转移　将瓶颈工序的部分作业内容转移到相邻工序或其他工时短的工序，由作业负荷小的工序分担，以提高生产效率和设备开动率。

（2）瓶颈改善　减少非瓶颈工序的作业资源数，缩短循环时间，以提高平衡率。

（3）改善合并　将瓶颈工序的作业内容拆解，分别合并至其他工序，从而完全消除瓶颈工序。

（4）重新分配　将瓶颈工序的作业内容拆解后，再将整条生产线的作业内容进行重新编排、分配，形成新的作业工序。相对来讲，在作业内容相对较多的情况下容易平衡。在精益生产中，可凭借 U 形布局的多能工轻易达到此目的。

线平衡改善是提高整体生产能力的重要手段，其有效利用可以：①消除瓶颈，使工序负荷均衡化，提高整体生产能力；②压缩生产人员配置，降低单位产品的用工数；③合理配置作业人员、设置班组及编制一线出勤体制；④优化用工结构，降低单位产品的人工成本。

同时，线平衡与瓶颈改善应该在各工段之间、本企业与供应商之间进行，这样才能提高整个企业的能力平衡，最大限度地降低中间库存，提高生产效率和经营效益。

8.4.3 瓶颈改善

对瓶颈工序进行作业改善简称瓶颈改善，具体方法有六种（见图 8-12）：提高设备效率、改进工具夹具、操作机械化、增加作业人员、提高作业技能和调整作业人员。

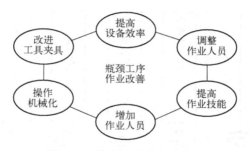

图 8-12 瓶颈改善的六大方法

1. 提高设备效率

通过加强设备的一级维护，进行必要的设备改造，提高设备的可动率，缩短设备加工循环时间，从而提高瓶颈工序的生产能力。

2. 改进工具夹具

通过改进工具夹具，使之更适合员工进行工件装夹或加工作业，缩短人工辅助时间，从而提高瓶颈工序的生产能力。

3. 操作机械化

设计适合的机械代替或局部代替人工作业，以缩短工序作业循环时间，提高工序能力。

4. 增加作业人员

增加瓶颈工序的作业人员，缩短循环时间；或增加瓶颈工序工位，如由 1 个工位生产改为 2 个工位同时生产。

5. 提高作业技能

通过加强岗位技能培训，提高员工岗位操作的熟练度，从而缩短工序作业循环时间。

6. 调整作业人员

根据"适才适所"（适合的岗位、适合的人员）的原则以及工序作业的特点，对于不适合该岗位操作的员工进行调整，避免因个别员工不适合个别作业岗位而影响整体能力和整体效率。

【例 8-6】导轨组装分厂生产线平衡实践

某精密制造公司导轨组装分厂为增加产出、提高效率，聘请生产管理顾问进行指导，成立以顾问、班组长、工业工程师、质量经理、技术工程师等组成的改善小组，进行生产线平衡分析。如图 8-13 所示为其流水线布置图。

通过生产管理顾问为改善小组人员实施生产线平衡的知识训练后，改善小组对导轨组装进行现状分析并绘图，如图 8-13 所示。

通过平衡图分析（见图 8-14），改善小组发现，导轨组装制造二部各工序的作业时间存在相当大差异，平衡率经计算为 68.7%，生产线平衡损失率高。

现场改善小组对导轨组装相近的工序进行研究，发现在作业改善上能采取较简便的方法：合并工序内容，调整并取消时间过短工序，把其中部分工作分配到其他工序中，所形成的具体改善方案见表 8-10，平衡图如图 8-15 所示，改善前后各项产能指标比较见表 8-11。如此便达到了提高平衡率，减少工时损失，提高整体效率的目的。

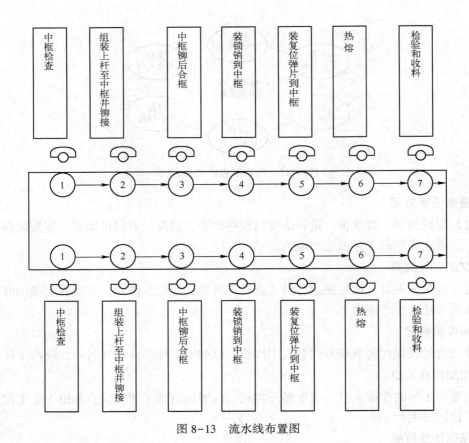

图 8-13 流水线布置图

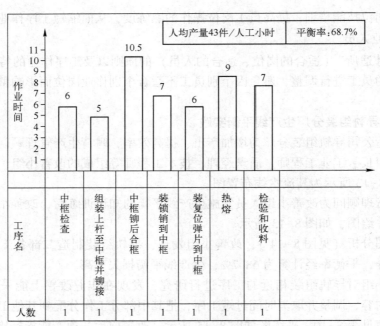

图 8-14 改善前平衡图

表 8-10　工序作业改善方案对策表　　　　　　　　　　　　（单位：s）

序号	工序内容	原作业时间	改善方法与内容	调整后需求时间
1	中框检查	6	合并为一道工序，对中框检查动作进行分析，清除多余动作并标准化	10.2
2	组装上杆至中框并铆接	5		
3	对中框铆后合框	10.5		10.5
4	装锁销到中框	7	将工序5的放入复位弹片的内容调整至此工序	9.5
5	装复位弹片到中框	6	取消	—
6	热熔	9	将工序5的卡紧复位弹片的内容调整至此工序	10.5
7	检验和收料	7	将热熔检验的内容调整至此工序	9
结果	生产线由原来14人两组，改为调整后的15人三组			

表 8-11　改善前后各项产能指标比较

项　目	改善前	改善后	变化量	变化百分率
人员	14人	15人	+1人	+7.1%
总产量	616件/h	925件/h	309件/h	+50%
人均产量	44件/人工小时	61.6件/人工小时	18件/人工小时	+40%
生产线平衡率	68.7%	94.6%	25%	—
单件产品工时消耗	83.7s/人·件	59s/人·件	-24.7s/人·件	-29%

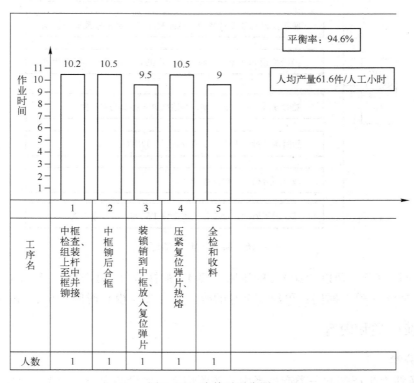

图 8-15　改善后平衡图

8.5 快速换线换模

目前企业面对着多品种、小批量生产，每天可能会非常频繁地更换生产产品，以此带来生产线频繁地换线，以设备为主的流程则需要频繁地换模具，从而带来很多时间上的浪费。如果不加以改进，生产将处于大量毫无价值的混乱之中。

为了实现以"小批量、多品种"为特征的均衡化生产，把由安装换模所导致的机器停工时间降至最低，这就要求生产系统中的每个工序必须大大地缩短各生产前置期，以适应零部件加工批量和品种的频繁变换。

缩短换线换模的时间是精益生产必须要进行的一项工作。丰田公司将这种快速换线换模的方式称为 SMED，即 Single Minute Exchange of Die，翻译为单分钟，即 10 分钟内更换模具。SMED 是一种持续改进生产准备的方法，以达到尽可能短的时间更换模具，它是一种能够减少更换工装、材料、时间的方法，通过换模过程中简化、协调操作等方式来实现。

8.5.1 实施 SMED 的好处

实施 SMED 的直接目的就是降低换线换模时间。具体如图 8-16 所示。

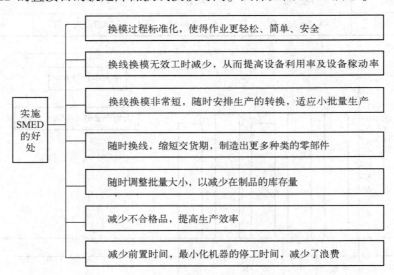

图 8-16 实施 SMED 的好处

1969 年丰田汽车公司以"1000 t 的压床需要 4 h 的换线（模）时间，历经 6 个月的改善降至 1.5 h 的换线（模）时间；再经 3 个月的改善，换线（模）时间降至 3 min 内完成"。

8.5.2 切换分类和内容

1. 切换分类

在同一条线上生产的同一类产品当中，按照切换工作量的大小、功率、结构、尺寸等特点，切换分大切换和小切换；根据切换内容对停线的要求，切换又分内作业和外作业。

（1）大切换　在不同系列的不同产品型号之间的切换称为大切换。它的特点是切换内容多、工艺基准变化大、工艺条件差别大、工时消耗大。

（2）小切换　在同一系列的不同产品型号之间的切换称为小切换。它的特点是切换内容相对少、工艺基准变化不大、工艺条件差别不大、工时消耗也相对少。

（3）内作业　在机器停工时才能完成切换动作的作业，称为内作业，有时也称为线内作业，如工装夹具的切换等作业。

（4）外作业　在机器正常运转时就可以完成的事前或事后做切换动作的作业，称为外作业，有时也称为线外作业，如准备工具、拆下物的放置、放置台的准备等。

2. 机型切换的内容

一般来说，机型切换包括四大内容，即生产准备、材料切换、工装切换和标准切换，如图 8-17 所示。

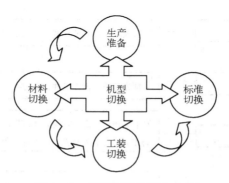

图 8-17　机型切换的四大内容

（1）生产准备

1）新的型号生产前，机型切换准备，如切换用具准备、切换人员安排等。

2）前一型号生产结束后的材料撤离、数据统计、现场整理等。

3）新型号生产的技术资料、作业文件、工具用具等的准备。

（2）材料切换　不同型号的产品会用到不同型号的原材料、零件、辅助材料等，正确准备新材料，切换时将前一型号产品材料撤离生产线，将新型号材料配送上线，确保材料彻底清线、正确配送，是材料切换的关键点，也是机型切换的重要内容。

（3）工装切换　设备加工常利用工装对工件进行定位、导向、成形等，工装的形式很多，包括模具、刀具、定位夹具、导向夹具等。根据产品的形状、尺寸、结构等特点，不同的型号用到的工装不同，切换工装以适应新型号产品的生产，这是机型切换的第三大内容，通常也称为"换模"。

（4）标准切换　根据产品技术和生产工艺，不同型号的产品在生产时要达到的技术标准不同，所采用的工艺条件、作业程序也不同。所以必须进行标准切换，以满足新型号产品的技术要求和质量要求。

在四大切换内容中，工装切换和标准切换往往伴随着工装调整、设备调整、工艺条件调整和质量确认等过程，直到稳定而连续地生产出合格的产品。要提高切换效率，最直接的方法就是减少切换次数、缩短每次切换时间，从而减少切换造成的停线时间。

8.5.3 快速换线换模的实施步骤和方法

产品生产完成之后，到下次产品合格品开始产出之前的时间，被定为更换作业程序时间。在这段时间中，机械设备要么停止运转，要么正在运转并对其进行调整，是不会产生附加价值的生产。为了最大限度地缩短停线时间以及更换作业程序时间，必须实行快速切换。实施快速换线换模的步骤，如图8-18所示。

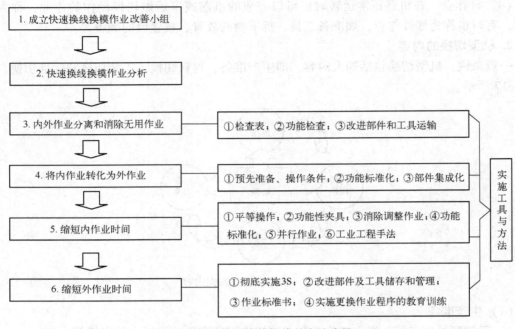

图8-18 快速换线换模的实施步骤

（1）成立快速换线换模作业改善小组　当有换线换模作业改善的需要时，在了解现状的基础上成立改善小组，并得到现场管理层的大力支持。

为了减少切换次数，务必合理组织生产和安排生产计划，最大限度地减少大切换，避免因安排或组织不当造成的二次切换。切换改善的思路如图8-19所示。

（2）快速换线换模作业分析　首先要找出耗费时间多的换线换模作业，其次识别其换线换模作业内容，使用"切换作业记录表""切换作业分析表"将其现状问题用表格的形式提出来。

通过切换改善，实现"快速切换"，必须通过切换标准化和切换培训，科学组织、合理分工、熟练切换。为了实现每次切换时间最短化，主要的重点工作在于减少切换时所耗用的人工时间。因此，为了减少切换时间，一定要依据一定的步骤，循序渐进、按部就班地进行。

1）对"切换作业"要进行分析。使用"切换作业记录表"（见表8-12）、"切换作业分析表"（见表8-13）进行切换作业分析。在进行记录与分析时，应注意的是：每次进行切换作业，所花时间都会有不小差异；切换作业的方法或顺序应因人而异、因心情而异。应尽量减少卸螺钉、拧螺栓的作业；切换作业工作应该培养更多人能做。

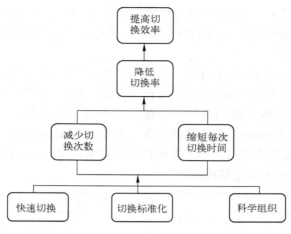

图 8-19 切换改善的思路

表 8-12 切换作业记录表

设备号		G102		工序名	制盖 2#		测时人		组长	
品名		日期	切换时间	时间/min						
前	后			10	20	30	40	50		
产品 1	产品 2	5月19日	28′20″							
产品 2	产品 3	5月19日	35′15″							
产品 3	产品 4	5月19日	32′35″							

表 8-13 切换作业分析表

设备号	G102	工序名	制盖 2#	测时人	组长	
品种（前—后）	产品 1→产品 4	切换时间	38′35″	人数	3	
序号	切换作业	时间	切换区分		改善建议	
			内部	外部		
1	去取清单	2′30″		√	专用台车	
2	去取工具	1′20″		√	专用工具车	
3	…	…				
4	合计	38′35″	22′20″	16′15″	作业外部化	

（3）外作业分离和消除无用作业　将现有作业过程按换线换模内作业（停止机器时才能完成作业）和换线换模外作业（无须停止机器就能够完成作业）和无用作业进行划分，消除与换线换模无直接关系的作业，再将换线换模内作业和外作业分离。

（4）将内作业转化为外作业　即使是内作业改变也要通过改善，使其转化为外作业，从而不断地在外部进行操作。如将"内换模"转成"外换模"，换模时间的目标为 10 min。因此要彻底研究目前"内换模"作业的机能与目的，考察可否将"内换模"转换成"外换模"。例如，在大型压力机上进行两组模具的换模作业，可预先制作已标准化的两张辅助工具板，在一组模具被压力机使用的同时，将一组的模具安装在辅助工具板上，然后设定模具高度，即可大幅缩短换模时停止的内换模时间。

(5) 缩短内作业时间 对内部作业更小的要素进行改进。应用工业工程手法对作业和设备进行改善来缩短切换时间，制作换模标准单，进行换模作业重复改善与训练，并活用工装具、排除调整作业。

实施并行作业，如丰田公司自制了旋转式台车，专门用于换压力机模具。当使用时，作业人员将用完的模具移到台车的一端，然后旋转台车，将台车另一端的新模具装到压力机上。

实施功能标准化，如压力机的换模需调整定位高度，如图 8-20 所示，A 型的模高是 240 mm，B 型的模高是 280 mm，在 A 型的下方安装厚度为 40 mm 的套合治具，将模高统一为 280 mm，从 B 型更换为 A 型时就不需要调整定位高度。同样，将锁紧部位的高度定数化，锁紧螺母即可通用化，大幅缩短换模时间。

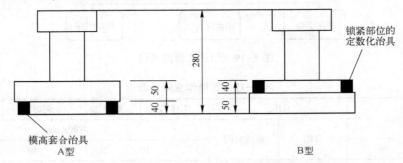

图 8-20 模高的定数化与锁紧部位的定数化

采用特制的滚动导轨、导销，以免除对中找正；采用特殊螺栓，模具快速夹紧装置，快速固定模具等。例如，丰田公司根据螺栓的这种"一次转动即可拧紧或放松"的特性，设计了快速螺栓，或采用加 U 形垫的方法，使螺栓的紧固或放松功能在瞬间实现。此外，丰田公司使用特殊的夹具或卡具代替螺栓，也常使用气压或液压装置，一次同时锁紧几个点，这样就可以快速紧固模具、刀具或工件，大大提高了工作效率。

(6) 缩短外作业时间 对外部准备作业需加以改善和合理化，可采取改善工夹具存储方法、提高运输速度、排除寻找物料、常用工具靠近设备、制定标准作业指导书、改善外作业（换模）的某材料、改善模/治具的管理与搬运方法、不使用螺钉上锁、排除试行加工和调整作业等方法，以便尽可能缩短准备时间，减少切换的人工时间。例如，以 59 s 换模目标，向"一触（one touch）换模"挑战，以最少费用处理模具构造和安装机构等。这对加快整个换模调整过程、减小生产批量是非常重要的。

缩短切换作业时间的改善重点，见表 8-14。

表 8-14 缩短切换作业时间的改善重点

作业类别	改善事项和目标	改善方法
外作业	彻底进行作业准备事项： ● 不寻找 ● 不移动 ● 不乱用	● 场所的整理、整顿 ● 决定工具种类、数量 ● 确定放置方法 ● 作业顺序标准化
	附属设备的事前准备： ● 不浪费时间 ● 保证外作业彻底	● 工装夹具点检 ● 计测器具准备 ● 模具预热 ● 成套安装

(续)

作业类别	改善事项和目标	改善方法
内作业	作业面： • 排除重做（返工） • 基本作业彻底	• 统一顺序方法 • 作业分担和有效性 • 并行作业 • 简化作业 • 人员有效合作 • 安装的容易化
	• 模具、工装夹具、计测器	• 紧固方法 • 减少紧固器具 • 研讨模具、工装夹具的形状与结构 • 采用特种工装 • 模具、工装夹具通用化 • 互换性
	• 调整	• 排除调整 • 工装夹具的精度 • 设备的精度 • 基准面 • 计测方法 • 简易化 • 标准化 • 数值化 • 计量具

【例 8-7】机械加工生产线和组装生产线换线换模快速化方法

机械加工生产线和组装生产线换线换模快速化方法，见表 8-15。

表 8-15　机械加工生产线和组装生产线换线换模快速化方法

项目＼内容	机械加工生产线零换线换模 和换线换模快速化方法	组装生产线零切换和 切换快速化方法
彻底抛弃现有的大批量生产方式	推行机械加工生产线的零换线换模，首先要彻底抛弃现有的大批量生产方式，接着实施零换线换模的"三个彻"（彻头、彻底、彻尾）	推行组装生产线的零切换，首先要彻底抛弃现有的大批量生产方式，其次是实施零切换的"三个彻"（彻头、彻底、彻尾）
实施零切换	1. 建设专用机械加工生产线： ①小型专用设备；②低成本的自动化；③ U 形生产线 2. 混流生产： ①成组生产线；②换线换模工具的通用	1. 使用专用生产线 2. 混流生产： ①按顺序混载供给；②机械化；③物品放置在线边；④盲视作业；⑤拍手方式
切换快速化	1. VTR 分析（动作记录分析）： ①零步行；②换线换模作业为零；③零螺栓；④零直列形式排列作业；⑤零调整 2. 现场实务： ①作业、工具标准化，并减少一些工具种类；②工具等放到手边；③将固定模具或工装的螺栓、管线和配管改作按键；④1~2 人并列作业；⑤废除调整作业。	一按键切换： ①分散放置；②按作业顺序放置；③放置在手边；④目标尺寸较大；⑤动作经济性原则

本 章 小 结

企业推进均衡化生产是一项渐进实现的系统工程。均衡化生产就是在整体的生产组织方面实现了产品的数量均衡、种类均衡和顺序均衡。

生产线平衡分析是指分析生产线中各工序的时间差异状态，并将差异时间给予消除，使生产线保持顺畅的方法。生产线平衡分析可以提高人员、机械的运作效率；可以谋求机械化（省人化）、自动化（省力化）；方便进行新的工序设计或工序编制；可以提高作业效率；可以缩短等待时间。

生产线平衡率=实际作业所需时间总和/作业时间总和。生产线平衡损失率=非加工时间总和/作业时间总和。通过线平衡分析，发现瓶颈工序，制定并实施改善方案消除瓶颈工序，提高作业资源的产出，调整工序的作业内容，使各工序作业时间达到平衡，以提高生产线的整体效率。

线平衡改善有四大方法：分担转移、瓶颈改善、改善合并、重新分配。线平衡改善是提高整体生产能力的重要手段，其有效利用可以：①消除瓶颈，使工序负荷均衡化，提高整体生产能力；②压缩生产人员配置，降低单位产品的用工数；③合理配置作业人员、设置班组及编制一线出勤体制；④优化用工结构，降低单位产品的人工成本。

缩短换线换模的时间是精益生产必须要进行的一项工作。丰田公司将这种快速换线换模的方式称为SMED。它是一种能够减少更换工装、材料、时间的方法，通过换模过程中简化、协调操作等方式来实现。

技能实训与实践项目

【如何进行生产线平衡分析或快速换线换模】

1. 实训目标

1）培养学生现场观察和收集某生产线资料的能力。
2）培养学生对现场某生产线现状进行分析的能力。
3）培养学生提出改进某生产线效率方案的能力。

2. 实训内容与要求

1）去实训基地或实践企业生产现场观察某生产线现状。
2）调查实训基地或实践企业现场某生产线存在的问题。
3）分析实训基地或实践企业现场某生产线的效率。
4）根据所学生产线平衡分析或快速换线换模知识提出改进某生产线效率的方案。
5）按现场某生产线效率提高方案，提出实施计划。

3. 成果与检测

1）提交实训基地或实践企业某生产线效率的现状资料。
2）检查学生提出的实训基地或实践企业生产线效率改进方案及其实施计划。
3）教师评估。

思考与练习题

一、单项选择题

1. 在不同系列的不同产品型号之间的切换称为（　　）。
   A. 小切换　　　　　B. 内作业　　　　　C. 大切换　　　　　D. 外作业
2. 在机器停工时才能完成切换动作的作业，称为（　　）。
   A. 小切换　　　　　B. 内作业　　　　　C. 大切换　　　　　D. 外作业
3. 均衡化生产包括总量均衡和（　　）均衡两方面的内容，均衡化不仅要达到产量上的均衡，而且还要保证品种、工时和生产负荷的均衡。
   A. 时间　　　　　　B. 工具　　　　　　C. 空间　　　　　　D. 品种
4. 生产线平衡损失率＝（　　）/作业时间总和。
   A. 实际作业所需时间　　　　　　　　　B. 非加工时间总和
   C. 作业时间总和　　　　　　　　　　　D. 非加工时间
5. （　　）是减少非瓶颈工序的作业资源数，缩短循环时间，以提高平衡率。
   A. 分担转移　　　　B. 瓶颈改善　　　　C. 改善合并　　　　D. 重新分配
6. （　　）就是设计适合的机械代替或局部代替人工作业，以缩短工序作业循环时间，提高工序能力。
   A. 提高作业技能　　B. 增加工作时间　　C. 调整作业人员　　D. 操作机械化

二、填空题

1. 均衡化生产是实现精益制造即（　　）生产的必要条件，也是当今制造型企业选择的新型的生产运作模式。
2. 均衡化管理减少（　　），使每一个产品制造周期缩短，大大提高了市场响应能力。
3. 丰田公司按照产品数量均衡和品种均衡的要求，依据日生产计划量和产量比的规定，进行（　　）。
4. 采用（　　）方式不但保证了总装配线均匀地向上游加工工序领取各种零部件，而且也保证了上游工序的均衡化生产，提高了装配线的工作效率。
5. （　　）是指分析生产线中各工序的时间差异状态，并将差异时间给予消除，使生产线保持顺畅的方法。
6. 实施（　　）的直接目的就是降低换线换模时间。

三、判断题（正确的打"√"，错误的打"×"）

1. 在均衡化生产的条件下，工人每天都要生产不同种类的产品，这种高频率、切换的生产方法，使得工人对这几种产品的操作越来越熟练，提高劳动效率。（　　）
2. 分担转移是减少非瓶颈工序的作业资源数，缩短循环时间，以提高平衡率。（　　）
3. 总装线以最大批量从前工序领取必要的零部件。（　　）
4. 换线换模所需时间非常长，适应小批量生产。（　　）
5. 工装切换就是根据产品技术和生产工艺，不同型号的产品，必须进行标准切换，以满足新型号产品的技术要求和质量要求。（　　）
6. 为了最大限度地缩短停线时间及更换作业程序时间，必须实行快速切换。（　　）

7. 如果增加瓶颈工序的作业资源数,就不需分担给其他工序。 ( )
8. 减少瓶颈工序的作业资源数,能增大循环时间。 ( )

四、简答题
1. 试比较不均衡生产和均衡化生产。
2. 简述均衡化生产渐进实现方法。
3. 什么是生产线平衡分析?线平衡改善有哪四大方法?
4. 试述实施 SMED 的好处和内容。
5. 如何理解快速换线换模的实施方法?

五、计算题
1. 某一产品需经 4 个生产工序,见表 8-16,分别为 A、B、C、D 工序,各工序的作业数都为 1,试计算生产平衡率。

表 8-16 4 个生产工序数据表

工 序	标准工时/(min/个)	产量/(个/h)
A	20.0	3.0
B	30.0	2.0
C	15.0	4.0
D	30.0	2.0

2. 某公司 ISG-3240SSI-1 B/B ASS'Y 生产线改善前工序名与标准时间、人数见表 8-17,请管理咨询人员和生产技术人员对已存在的问题进行诊断和改善,其改善措施如下:
1) 卷线机调整速度,减少 2 s 时间,卷线工程时间为 21.83 s;
2) L/W 穿插+绕线工程增加 1 名人员;
3) TUBE 套入工程简单,现作业人员自身能力欠缺,更换此工程人员,并将作业时间缩短 10 s;
4) 二次 TAPE 与特性检查工程合并,并增加 1 名人员。改善后结果见表 8-18,请计算改善前后线平衡率,并得出结论。

表 8-17 改善前(ISG-3240SSI-1 B/B ASS'Y 生产线)

序 号	工 序 名	标准时间/s	人 数
1	卷线	23.83	1
2	脱皮+T/P 固定	19.05	1
3	L/W 穿插+绕线	58.00	2
4	焊锡(3 个点)+灰色线整理穿插	26.27	1
5	TUBE 整理套入	31.71	1
6	二次 TAPE	34.57	1
7	L/W 长度检测+Layer 测试+点胶	27.41	1
	合计	220.84	8

表 8-18 改善后（ISG-3240SSI-1 B/B ASS'Y 生产线）

序 号	工 序 名	标准时间/s	人 数
1	卷线	21.83	1
2	脱皮+T/P 固定	19.05	1
3	L/W 穿插+绕线	58.00	3
4	焊锡（3个点）+灰色线整理穿插	19.50	1
5	TUBE 整理套入	21.71	1
6	二次 TAPE+L/W 长度检测+Layer 测试	61.98	3
	合计	202.07	10

第 9 章　自动化与防错法

学习目标

- 了解自动化的发展和内容。
- 理解自动化的推进步骤。
- 掌握异常情况的自动化。
- 理解防错法的作用和应用要点。
- 掌握防错装置与防错方法。

9.1　自动化

9.1.1　自动化概述

1. 自动化的发展

自动化是给机器赋予人工智能的自动控制，使之能够自律地控制各种异常情况。操作员不必持续不断地查看机器，因此可以同时操作多台机器，实现了通常所说的"多任务操作"，从而大大地提高了生产率。

丰田公司的"自动化"发展历程见表 9-1。自动化的思想是丰田公司创始人——丰田佐吉在发明自动织布机的过程中逐渐形成的。在改进织布机的过程中，丰田佐吉萌发了"一有异常马上停机，绝对不生产次品""人不做机器的看守奴"的思想，经过多年的发展和不断完善，自动化不仅是一种发现异常和发现质量缺陷的技术手段，而且已成为保证质量、降低成本的一个重要手段。

表 9-1　丰田公司的"自动化"发展历程

年　代	自动化进展
1926 年	丰田公司佐吉成功研制出具有类似人的"智能"的自动织布机。织布机在运行过程中，一旦发现断线或者缺线，就会自动停止运转，可以避免不合格的产品
1955 年前后	丰田公司开发了利用目视管理手段发现工序异常的安灯制度、用于作业人员停止生产线运行的停车按钮以及出现异常情况就自动停车的装置
1962 年	丰田公司开发了充满作业方式和防止错误操作系统
1966 年	在实施自动化的样板厂——上乡工厂建成了"自动化"生产线
1971 年	在各总装线上实施固定位置停止方式
近年来	丰田公司大量使用机器人，建立具有柔性的 FMS 生产线（自动化在高新技术方面的延伸）

2. 自动化的定义和内容

随着现代技术的发展，如今的机器设备大都具有自动化的功能，智能化水平也不断提高。因此,自动化的理念不仅仅是指机械设备的自动化,它还包含了组装线上人员的作业。

丰田公司的自动化有两层含义。第一层含义是用机器来代替人工的自动化,即人们只需按动电钮,机器就会自动地运转起来,完成预定的工作。另一层含义,即"自动化缺陷控制",它是一种发现异常和发现质量缺陷并且纠正异常的技术手段,即自动工作机器有发现加工质量缺陷的能力,并在出现加工质量缺陷时停止工作。

当生产线出现异常状况时,每个作业人员都能控制生产线的停止与重新起动。这样,人员、机器或生产线一旦发生异常就马上停止操作。因此,自动化可以解释为自动地监视和管理生产不正常的手段。

3. 自动化的作用

自动化拥有发现异常或缺陷并且能够使生产线或者设备停下来的装置。一旦发生异常情况,生产线就停下来,使得工作人员必须查明原因并采取措施防止再次发生,因此具有自动的监视和管理质量异常的手段。它可以防止不合格品从前工序流向后工序,不使后工序造成混乱,并以此保证准时生产。除此之外,它还有削减作业人员、适应需求生产和尊重人性等功能,如图9-1所示。

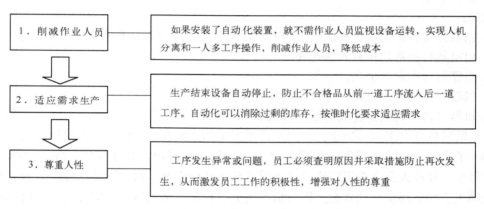

图9-1 自动化的作用

9.1.2 自动化的推进步骤和方法

自以生产100%合格品为前提,在机械设备、品质、作业等发生异常时,机械设备本身可检测出异常并自动停止,或作业者按动停止开关,通报异常的发生以防止再次发生这一连串问题。其意义是自律地控制不正常情况,具有类似于人的判断力。实现自动化可以降低作业周期时间并防止等待、搬运、检查和不合格品等浪费的产生。按人与机器的关系,实现自动化可以粗略地分为四个步骤:

(1) 工序分析 研究生产过程和流程,分析工序中有多少工作是由人完成的,有多少是由机器做的,计算出百分比,绘制出产品程序流程图。

(2) 机械化 将一部分作业人员的手工作业转化为机器可以完成的工作,实现人和机器共同作业,以提高机械化程度。

例如,在Q236铁板底部钻4个孔,然后在其顶部拧上螺钉。节拍时间总计为195 s(见图9-2):

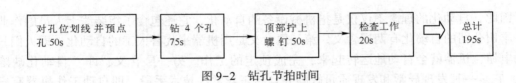

图 9-2　钻孔节拍时间

经过机械化环节，可实现以下改善：

1) 设计制造专用钻模，只需要 5 s 把铁板放入钻模内预定的位置，这样不需要 50 s 进行划线和预点孔。

2) 自制 4 孔电钻，工人只需花 15 s 由电钻同时钻好。

3) 电钻上有 4 个容易操作的把手，拧螺钉位置在电钻上部，因此只需要花 15 s 换螺钉扣。

4) 4 个螺钉在 5 s 内同时被拧上。

现在整个生产周期为 40 s，减少工作的同时，也减轻了工人的劳动强度，更减少了损伤。

(3) 自动生产　将作业人员的手工作业全部交由机器完成。作业人员准备好工作之后，按起动开关就可以工作，作业人员便可离开作业中的机器，但是有一个问题，无法知道是否有不合格品发生。

例如：

① 铁板被切割好以后，被前道工序放在传送带上，传送到钻孔机器旁。

② 由机器自动将铁板放入钻孔处。

③ 机器将自动钻 4 个孔。

④ 机器应该更换螺钉扣，并自动将螺钉拧紧。

⑤ 机器自动输送已经完成的零件进入下一道工序。

此阶段的好处是工人可以走开，但是比半手工作业成本高，而且无人检测质量。

(4) 自动化　作业人员作业准备好之后，其加工全部由机器来完成，加工完成之后机器自动停止，作业人员完全可以离开机器设备从事其他作业，机器可自动监测是否有差错发生，自动更正问题还是自动停机。同时机器还会以标示问题的铃声、信号灯配合检测系统通知作业人员。

自动化的推进方法如图 9-3 所示。

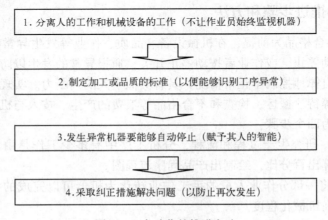

图 9-3　自动化的推进方法

【例 9-1】 机械加工和组装生产线的自动化推进方法

机械加工和组装生产线的自动化推进方法，见表 9-2。

表 9-2　机械加工和组装生产线的自动化推进方法

推进方法 \ 生产线	机械加工生产线的自动化	组装生产线的自动化
分离人的工作和机械设备的工作	改革前，左手按着工件，右手搬动钻头进行钻孔加工，人和机器被捆绑在一起，人不能离开机器。改革后，如下图所示，左手的动作改由气缸替代，右手的动作改由电动机替代，于是作业人员在按下起动开关后就可以离开机器 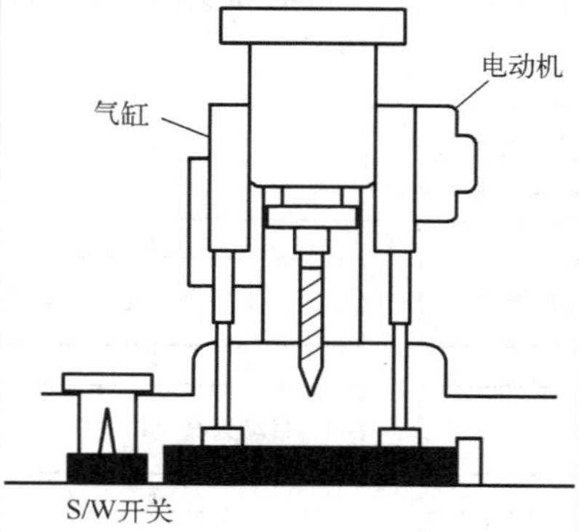	将人从组装作业中分离。如下图所示，家电行业洗衣机组装的第一道工序是在底朝上的洗涤桶上安装电动机后并用 4 根螺栓紧固，该作业需放 1 根螺栓然后用螺钉旋具紧固，这个紧固的动作需要重复 4 次，所以想一次将 4 根螺栓全部紧固。该工序就按以下顺序实施了自动化，将人从组装作业中分离出来。①制作防爆治具。②制作悬挂螺钉旋具的治具。③将螺钉旋具紧固螺钉的作业自动化 
发生异常，机器要能够自动停止，保质保量安全生产	实施自动化就是在发生异常的时候让机器自动停止并把这种情况通知人。所以要将自动化和防错方法合并使用，将防止不合格品流出的机制融入机械设备。实行门的自动开启和闭合；将装配工件和按开关以外的作业全部自动化；具备不合格品不会流出的机制；不发生安全事故的机制。	采用一种多用于传送带生产线的 AB 两点控制加工件流动的系统的自动化技术，如下图所示，目的是不致让后工序等待加工的半成品堆积，通过 A 点（前工序）和 B 点（后工序）是否有工件来控制加工物流流动。该机制和异常发生时停止生产线同时使用，是将物品流动的浊流（批量流动且混杂不合格品）变为清流（全部合格品而且是一个流动）的基本手段 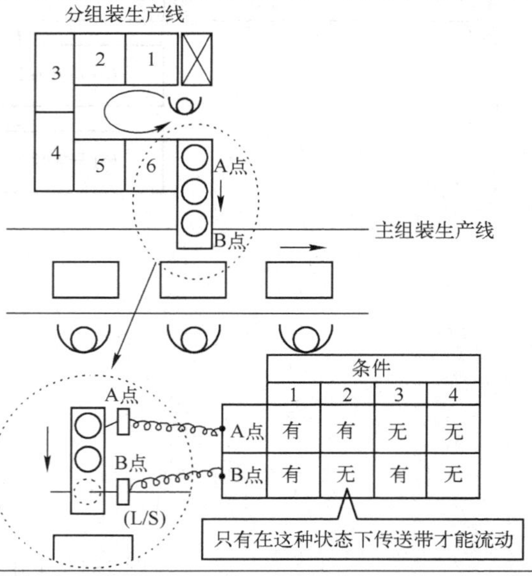

135

(续)

生产线 推进方法	机械加工生产线的自动化	组装生产线的自动化
采取纠正措施解决问题	在建设U形生产线时,作业人员依次从事多个机械加工工序的作业,应采用被称为"追兔"的作业方法。多个作业人员同时被投入生产线,依次轮流进行相同作业步骤。针对这种操作方法,必要的是不管什么作业状态都要防止不必要的事故发生	在多工序作业的生产线,如果发生不合格品等异常时,就必须点亮ANDON灯并停止生产线,这是在连续流动生产过程中通知发生异常的重要手段,并针对异常发生的根本原因立即采取纠正措施或预防措施以防止再发生

【例9-2】某工厂的自动化实施步骤和要点

国内某工厂在生产过程中,以安全自动化为基础,以装配作业为对象,实现工具自动化,并且,它还以机械加工工序为对象,实现工序自动化,进而全面实现生产线的自动化。主要实施步骤及要点如图9-4所示。

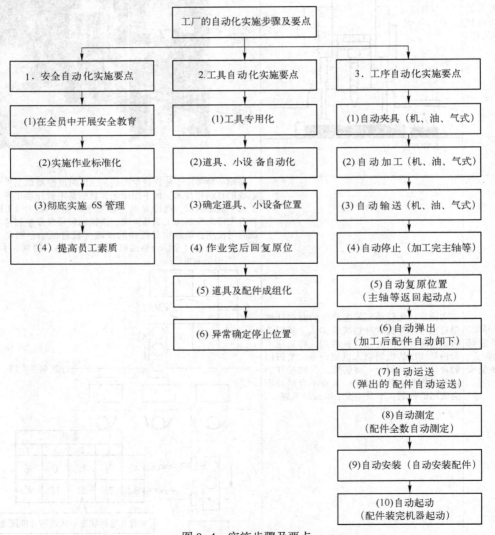

图9-4 实施步骤及要点

9.1.3 异常情况的自动化

在实际应用中,为了提高生产效率,通过异常管理实现人机分离,以保证产品质量。丰田公司的自动化,即"自动化缺陷控制",是通过三个主要的技术来实现的,这就是异常情况的自动化检测、异常情况下的自动化停机、异常情况下的自动化报警。

1. 异常情况的自动化检测

异常情况的自动化检测技术和手段是丰田公司自动化的首要环节。通过检测装置(或仪器)就能感知和发现被加工的零部件制品本身或制造过程是否有异常情况发生,并把发现的异常情况的信息传递给自动装置,由后者发出各种动作指令。

丰田公司生产现场使用的检测装置主要包括以下两种:

(1) 接触式检测装置 丰田公司使用的接触式检测装置主要是限位开关和电眼,通过其检查产品的形状、尺寸与正常情况的差异并自动检查是否存在某种质量缺陷,有时会特意将基本相同的零部件设计成不同尺寸和形状,以便检测装置自动识别和区分能力。

1) 定数式检测。例如,在汽车零部件上,需要拧 5 个螺钉,可是有时候会忘记,少拧一个。对于汽车零部件,哪怕少拧一个,都会发生问题,而此时再交换就比较困难。这时去检测一下控制盘,少拧一个的话,压板就不能移动。

2) 提醒式检测。如,把厚纸放在切割机上切割,操作 15000 次,刀片就用完了。当操作到 13000 次时,蜂鸣器就会响。此时,确认一下,更换刀具前还可以切几张。

3) 标准动作异常检测。在规定的作业和动作上发生错误时,检测其异常状况。

4) 颜色的反射光线检测。通过各种颜色的反射光线,即识别颜色的检测装置检测异常状况。

(2) 记录式检测装置 丰田公司在生产现场使用了记录式检测装置,把作业人员的每一个操作都自动记录下来,如果发生漏操作,则记录式检测装置就会自动发出信号,提醒作业人员补上被漏掉的部分。例如,丰田公司的车体焊接工序就使用了这种记录式检测装置。它会自动记录每一台车体的焊点数目,如果所记录的焊点数目与规定的数目不同,则检测装置就会自动接通蜂鸣器报警。

2. 异常情况下的自动化停机

除了上述在检测装置发现异常情况时,立刻自动地发出指令并停线或停机之外,丰田公司还设计采用了另外两种异常情况下停线或停机的方法,即在发生异常时,可以通过接触式自动停机装置停止或人工停止。在设备或生产线上装有自动化装置,生产现场一旦发生异常情况,自动化装置发生动作而自动停止设备或生产线。操作人员也可以在发现异常情况时,人工停止设备和生产线。

(1) 接触式自动停机装置 当出现异常情况时,或作业人员出现操作失误时,自动化装置就会自动强行停机。它可以弥补人在判断上的缺陷。例如,丰田公司在装配线上的每两个相邻工位的交界处都设置了停机踏板,当作业人员超出作业区域时,就会在工位交界处接触到停机踏板。这就会使生产线停止运行。又如,装配线上的作业人员可以把自己装配作业所使用的工具挂在头上方的轨道上,如果越过了轨道上标出的作业区域定点,就会接触到轨道上的停机开关,装配线就会停下来。

当然,生产线或机器自动停止运行后,现场的管理人员和维修技术人员就会马上到达出事故地点，和作业人员一起，迅速查清故障原因，并采取改善措施。

（2）人为停止生产线　丰田公司在生产现场的每个作业工位都设置了生产线停止开关。例如，前道工序生产出了不合格制品，或者全部作业不能按照标准作业顺序执行时，作业人员都有权也有责任发出相关信息，并按动生产线停止开关使生产线停止运行。当生产线停止运行后，现场的管理人员和技术人员必须马上查清产生质量缺陷和异常情况的原因，查清故障，采取改善措施，并彻底纠正，使之不再发生。

3. 异常情况下的自动化报警

为了便于现场管理人员用眼睛直观地了解和掌握现场的生产状况，不仅要求自动发现异常和自动停止生产，而且还要求把异常的发生以"报警"的方式显示出来，采用以电子信号板显示现场状况的一种视觉信号系统，信号板上有多行对应工位或机器的灯。

（1）ANDON 的定义　"ANDON"中文发音是安藤，日语直译为"安灯"。ANDON 对于企业快速实现精益很有帮助，可以使得企业能够迅速发现问题，从而建立健康的生产流程。

（2）ANDON 系统及其形式　ANDON 系统是一种可视化管理工具，是通知出现异常和问题的一种工具。ANDON 系统大致可以分为四类：请求零部件的传呼 ANDON、通知装配异常的异常 ANDON、显示机器设备运转的运转 ANDON 和确认作业进度的进度 ANDON。

1）传呼 ANDON。作业人员常常在零部件快用完之前按开关点亮传呼 ANDON，通知相关人员，使其前往该工序补充所请求的零部件，然后该工作人员熄灭该 ANDON。

2）异常 ANDON。主要用在组装生产线，依据生产线的长短制作不同的 ANDON。短的生产线与飞机上传呼空姐的方式是相同的。

从简单的信号指示灯，到复杂的控制板，ANDON 有多种不同的形式。这些形式有个共同点，就是都能够及时地、真实地反映情况。其中，最常用的是异常指示 ANDON 灯。指示灯的含义如图 9-5 所示。

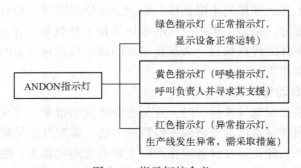

图 9-5　指示灯的含义

在图 9-5 中，指示灯分为三种状态：黄灯、红灯为异常指示灯，分别表示不同性质的问题。操作人员受过培训，知道如何区分它们。

① 黄灯。表示有问题，需要管理者在方便的时候尽快处理。如黄灯闪烁，表示有紧急问题，需要管理者立即处理，并在规定的时间内处理完毕，否则红灯会亮。

② 红灯。表示有严重问题，操作人员为防止后果产生，需要把整个生产线上自己所在的这个区段停止。

③ 灯灭。平时运作正常的时候，人员不按开关，则灯处于熄灭状态。

3)运转ANDON。如图9-6所示,运转ANDON显示的是机器设备运转的状况。一旦停止,表明原因的那个ANDON就会点亮,正常情况下ANDON是绿色的,黄色ANDON点亮时是传呼,其他情况下红色ANDON点亮。

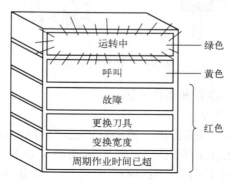

图9-6 运转ANDON

4)进度ANDON。进度ANDON主要用于生产节拍较长的装配生产线。通过进度ANDON,作业人员可以知道自己的进度如何,作业有没有迟缓等。该ANDON通常被均匀地分为十等份。作业区间和ANDON的等份相对应。采用传送带的装配生产线使用限位开关,如果是手工传递的生产线则使用计时器。

(3) ANDON系统的主要功能 ANDON系统的主要功能见表9-3。

表9-3 ANDON系统的主要功能

类 别	项 目	主 要 功 能
设备管理方面	设备运行管理	显示设备故障、运行状态及维护信息
	设备呼叫	当设备故障时,通过广播进行呼叫
	维修呼叫管理	通过维修ANDON看板,显示维修信息
生产和统计方面	生产运行信息	生产线开线、停线、休息等各种生产运行信息的处理
	ANDON上位管理	对ANDON系统的各种事件进行统计分析处理
	工位作业管理	工位呼叫,集中事件呼叫
质量管理方面	质量呼叫	通过广播,呼叫质量信息
	质量异常管理	当质量出现异常时,通过广播进行呼叫
物料管理方面	物料呼叫	通过物料显示屏,显示物料呼叫信息
现场信息管理	公共信息管理	通过信息显示屏,显示各种公共信息
	广播系统	可通过无线传声器进行人工呼叫和音乐播放
	语音呼叫	通过广播系统,进行ANDON信息呼叫
	信息可视管理	通过ANDON看板,显示呼叫信息、故障信息、停线信息

(4) ANDON系统的构成 ANDON系统由触发器和信号灯构成。触发器分为两种,一种是按钮,另一种是绳子,如图9-7所示。异常发生时,按下按钮或者拉下绳子。

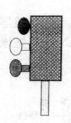

图 9-7 两种触发器

（5）ANDON 系统的工作流程和运作方法

1）ANDON 系统的工作流程。

① 当传感器探测到机器出现故障时，就会自动起动相应的灯；或是当操作者发现机器故障、发现与生产、质量有关的问题时，需要帮助就可以拉下吊绳或用遥控器，激活 ANDON 系统，通过操作工位信号灯、ANDON 看板、广播将信息发布出去，提醒所有人注意。

② 班组长立即与操作者一同确定问题。如果班组长可以解决问题，重新拉下吊绳，系统便会恢复正常。如果有不能确定的问题必须向其他部门求助解决，则班组长可以通过设置在区域集中呼叫台进行呼叫，也可再通过 ANDON 看板、广播将信息发布出去，呼叫现场负责人迅速给出反应，借此协调联系各工作中心的工作。

2）ANDON 系统的运作方法。ANDON 系统能够收集生产线上有关设备、生产及管理的多方面信息，并以此来控制分布在整个车间的指示灯和声音报警系统。一旦出现问题，可通过每个工位的控制开关及时反映到主机，通知其他部门解决，并可由计算机记录、分析问题频率。

较长生产线的 ANDON 系统，如果生产线情况不正常时，标记该条生产线线名的灯亮绿色。如果有某种异常产生，作业人员就按下开关，工位号就亮黄色。如果是能够定位停止的自动生产线，异常还没有解决就移动到了固定停止位置，这时就是红色，如图 9-8 所示。

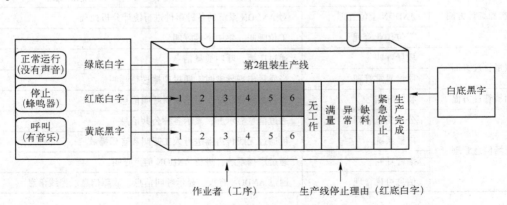

图 9-8 较长生产线的 ANDON 系统

【例 9-3】丰田 ANDON 系统的应用

在丰田汽车公司的各制造工厂里，生产现场每条装配线上和每条机加工生产线上都安装了包括呼叫灯和指示灯在内的"灯光显示牌"。现已经成为汽车完整装配线和生产线中不可缺少的一部分。例如，汽车总装厂的冲压、焊接、总装车间的各条生产线；发动机厂机加工车间气缸体、气缸盖、曲轴、连杆、凸轮轴生产线；装配车间的分装线、总装线及试验生产线等。

丰田现场与作业工具相连的是不同颜色的指示灯（自上至下依次为蓝色、绿色和红色），这样的灯光显示牌会使生产现场的情况一目了然，使现场的每个人能够对生产现场的整体情况心中有数。如图9-9所示，26号位设备出现异常，黄灯亮起，同时车间喇叭通知组长到位处理问题，恢复正常26号灯熄灭。

图9-9　26号位设备出现异常，黄灯亮起

丰田公司使用信号灯控制生产节拍。例如，生产节拍为3 min，在信号灯看板，绿灯处于常亮状态。每隔3 min，工作单元就应该生产出一个产品，这时，单元的负责人就可以按一下ANDON按钮，如果3 min内没有生产出产品的话，单元的负责人不可以按ANDON按钮，那么，在"信号灯看板"上，红色信号灯就会亮起，并且发出声音。

在考虑报警装置时，要设计生产线异常情况处理流程。丰田公司在每条生产线上都装有包括呼叫灯和指示灯的电子显示板，如汽车总装的ANDON系统（如图9-10所示）。呼叫灯是在异常情况发生时，作业人员呼叫现场管理人员和维修人员而使用的，一般来说，呼叫灯配有不同的颜色，某种颜色表示某种求助。指示灯是用来指示哪个工位已发生异常或呼叫。各种工序用一条尼龙绳顺着生产线连接直通电子显示板，哪道工序有问题就马上拉绳，此时电子板上的红灯就被点亮，明确显示发出求助呼叫的工位。每当生产线停止运行，或有求助呼叫时，现场的管理人员和维修人员就会在信号的引导下，到达异常（或呼叫）工位。

丰田公司使用音乐控制混流生产，即一条生产线能够同时生产不同的产品。这样作业员通过听音乐了解什么时间生产什么品种，用多快的速度进行生产。例如，同时生产4款产品可变换播放曲调，即在最初的四分之一节拍播放《致爱丽丝》，第二段播放《樱花啊樱花》，第三段播放《村里的铁匠铺》，如果开始听到《天空之城》的旋律，那就意味着应该生产最后一款产品了。

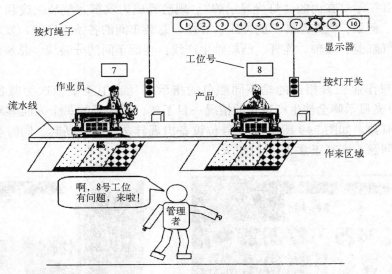

图 9-10 汽车总装的 ANDON 系统

【例 9-4】 自动化 ANDON 系统的应用

如图 9-11 所示，通常加工完了机器就会安全地停止，如果品质或设备出现异常时机器也能够自动感知，随即能够自动停止。这时如使用 ANDON 系统通知，作业人员就可以安心地监管其他机器的工作，作业人员只有在 ANDON 传呼的时候赶到机器旁边进行处理，就能够预防不合格品的发生，即使产生了不合格品也能将产生的不合格品控制在最低限度，不让不合格品流到下一道工序，这样流动到后工序的就全都是合格品。

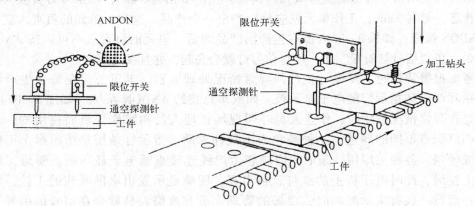

图 9-11 自动化 ANDON 系统的应用

9.2 防错法

9.2.1 防错法的作用和应用要点

防错法的日语为 Poka-Yoke，又称为愚巧法、防呆法，是由丰田公司的顾问、日本能率协会的新乡重夫（Shigeo Shingo）利用被称作 Poka-Yoke 的设备创立的一套质量管理方法。防错法能够防止人为错误导致不良发生、流出，防止设备破损以及故障发生。防错法是一种在作业过程中采用自动作用、报警、标识、分类等手段，使作业人员不特别注意也不会失误的方法。

1. 防错法的作用

通过防错，可以强化操作的程序和顺序。当错误发生或产生缺陷时，它可以通过发信号或停止过程，消除产生不正确行为的选择；防止产品或机器的损坏；防止人员受到伤害；消除不经意的错误。防错的作用主要可以概括为：

1）消除了工人的困难作业，防止失误的发生，消除缺陷，可做到"第一次就把事情做好"。

2）结合防错设施，以便机器设备从差错一开始时就能检测和识别，并自动停机，防止次品流入下一道工序。

3）可以保证"人为疏忽或者外行人来做也不会出错"，实现制程自动化，提高效率与产品质量。

4）逐步消除质量检验，消除返工与检查而引起的浪费。在组装生产线，运用防错程序以便于纠错行动在差错刚产生时就能进行，减少物料浪费和停机时间。

5）尊重工人的智能，取代依靠人的记忆、经验的重复工作或行为，将操作人员的时间和精力解放出来，以从事更具有创造性和附加价值的活动。

6）能够防止操作员因为失误或其他原因而引起损伤和安全事故，消除作业危险，为有效、有序地生产提供安全保障。

2. 防错法的应用范围和应用要点

（1）防错法的应用范围　在现代企业的生产活动中，防错法的应用非常广泛，其在品质改善及管理过程中，主要应用于以下八个方面：

1）疏忽或遗忘。

2）对过程或作业不熟悉。由于不熟悉作业过程或步骤，员工作业产生失误的情况在所难免，如让一个刚刚经过培训的新手开始一道其不熟悉的工序。

3）识别错误。识别错误就是对工作指令、程序判断或理解有错误。

4）缺乏工作经验。由于缺乏工作经验，员工很容易产生失误，如让一个从未在企业中工作过的人进行制造过程管理，就比较容易产生错误。

5）故意失误。由于操作者的故意行为而导致的失误。例如，操作者为了发泄对其领导的不满，而故意进行错误的操作。

6）行动迟缓。由于操作者判断或决策能力过慢而导致的失误。

7）缺乏适当的作业指导。由于缺乏作业指导或作业指导不当，发生失误的概率相当高。

8）突发事件。由于突发事件而导致操作者措手不及，从而引起失误。

（2）防错法的应用要点　防错法能够简化操作，降低操作者的劳动强度，提高效率，但在应用防错法时，要注意三大要点。

1）树立正确的防错防呆观念。企业在防错防呆技术正式投入使用前，要对相关人员进行防错防呆培训和教育，使其形成正确的防错防呆观念，以便更好地落实防错防呆技术。正确的防错防呆观念主要有以下几个方面：

①操作者的自检和操作者之间的互检是最基础、最原始的，也是最有效的防错防呆技术之一。
②防错防呆装置不需要企业投入大量的资源、资金或很高的技术水平。
③任何作业或交易过程都可以通过在预选设计时加入防错防呆技术而防止人为差错。
④通过持续过程改善和防错防呆技术，可以实现产品"零缺陷"。
⑤要在所有可能产生问题的地方考虑使用防错防呆方法。
⑥防错防呆应立足于预防，在设计开始就考虑各过程操作时的防错防呆方法。

2）正确地安装防错防呆工具。在设备上安装防错防呆工具时，防错防呆工具一定要适合原设备的各项功能，以免防错防呆工具在使用时造成作业上的障碍或者危险。

3）正确地使用防错防呆工具。在使用防错防呆工具时，企业要对操作者及其相关人员进行相关培训，使其掌握防错防呆工具的操作方法，以免发生危险，进而发挥防错防呆技术的最大功效。

9.2.2 防错装置与防错方法

1. 防错的方法

为了保证100%的合格品，必须花时间去识别错误何时和为何发生，这时防错就是最有效的手段。防错的对象是人和设备。防错的手段要在设计、生产技术、硬件和软件、员工自制等方面予以考虑，并在设置防错装置的时候要充分进行检讨，设置后还需进行必要的维护和跟踪，以达到几乎所有的错误都可以避免。具体防错的方法见表9-4。

表9-4 具体防错的方法

防错方法类型	防错方法内容	实 例
保险防错法	需要两个或以上的动作共同或依序执行才能完成工作，以避免错误的发生	台式冲压机为预防操作人员不小心被夹伤，采用双联串联式按钮，只有两个按钮同时按下，冲压机才会工作
自动化防错法	以各种光学、电学、力学、机构学、化学等原理来限制某些动作的执行或不执行，以避免错误发生	限位开关和电眼分别探测横向和前后的位置。如果产品没被放置在正确的位置，限位器就动作，托盘向升降机方向的移动停止，蜂鸣器就发出"呜呜"的声音，催促作业员注意
顺序防错法	为了避免工作顺序或流程前后倒置，可依编号顺序排列，从而减少或避免错误的发生	在组装形状相似的零件时，有时会出现顺序错乱的情况，这时用光电感应器与零件配套供料，并确认配件按顺序排列后组装，确保遗漏为零
警告防错法	当有不正常的现象发生时，能以声光或其他方式显示出各种"警告"的信号，以避免错误的发生	安全带没系好，警告灯就亮了，或在组装过程中遗忘了某些部件，警告灯提醒
隔离防错法	依靠分隔不同区域的方式，来达到保护某些地区，使其不能造成危险或发生错误	独立设立危险品仓库；电动圆锯配有一个保护用手套，以防止锯到手
层别防错法	为避免将不同的工作做错，可采取将不同工作区别出来的方法	颜色在视觉识别中最为明显。人类对颜色的共同认识是以绿色表示"安全"或"良好"，以黄色表示"警示、注意"，以红色表示"危险"或"不合格品"
尺寸防错法	对长、宽、高、厚度、直径等的尺寸标准差异的判断和不良检测	在产品加工时，出现尺寸不良，设置了导向套滑道让零件全部流过，设置防呆和防错板使尺寸不良（直径大或小）的全部不能通过防呆和防错板

(续)

防错方法类型	防错方法内容	实例
重量防错法	设定产品的重量基准，不符合重量基准的为不合格品	在秤上设置区域传感器，秤的刻度"OK"开区域、"NO"关区域都用颜色目视化出来
止动桥防错法	用一根木条状物品横跨在流水线的适当位置，形成一个"桥"，当有产品流下来时，可以挡住它，该工位只能由人工拿起产品，等完成作业后才能再流下去	通常适合于细小产品的流水线作业中，尤其是那些不能明显区别操作结果的工位。例如，电子电器产品生产的调试、目检等工位，防止人员因忙乱、疏忽、失误等情况而漏作业
联合动作防错法	通过联合动作的防错设计来解决操作者作业和设备作业联合动作中由于作业步骤不能顺利完成而造成停机的问题	在焊接工序中同时进行的有焊接、拧紧复合作业，有时会忘掉某一个工序。采用在夹具固定好后时间继电器起动，作业时间内没有上完螺母的话，信号灯响，同时焊机的联锁装置自动停止焊接
放大字体标识防错法	有些比较细小部件的标识文字非常不易看清楚，看起来费力而导致猜测，常常发生错用	电子厂作业中的集成电路（IC）、三极管（TR）、微件（CHIP）等，这些元件上的印字又小又暗，看时十分费力，可在工位上设置一块放大字迹的牌子，并备有放大镜以随时确认
放置体位防错法	利用产品不同的放置体位（包括方向）来表示某种状态，以便于人员在操作时能够区别，防止遗漏或拿错	调试作业过程中调试作业前后产品不同的放置体位（方向）
危险地带标志防错法	危险地带泛指现场的那些存在安全隐患或容易导致员工受到伤害的地方，必须设置地沟标志，其方法为画出警戒线、加装防护栏杆、沟盖等	主要适合于厂区内的各种地沟、井、坑等，如某客人视察工厂时绊倒在地沟中。为了防止这些意外事件出现，工厂需要对地沟做出标识，设立地沟标志
操作细节防错法	在流水线作业中，一个产品在多个工序生产中有可能损伤其外观部分，导致产生不合格品，可做一个像治具一样质地坚韧轻薄的防护套，以便组装产品时防护金属部件	可在作业过程中从始至终用薄膜覆盖显示器，以免划伤显示器；用粘贴皱纹胶纸的方法把产品易损伤的边、角、尖突出部位抱起来，以免使显眼处产生划痕，弄脏镜片等

实施防错方法的八大基本步骤如图 9-12 所示。

2. 防错装置

防错装置的基本思考方法大致可以分为三类：（异常/不合格品）停止、限制（失误发生/限制流出）、警报（预告/发生）。涉及消除发生的原因、不产生失误、检出和防止不合格品的流出、预防管理。

防错装置的分类如下：

① 通过零部件形状、颜色和标签、产品和材料储存场所来进行识别。
② 通过微型开关、限制开关、计数器等来进行报警。
③ 通过治具的针、限位器、形状等来检出。
④ 通过连动开关来检出并向后工序传递信号。
⑤ 通过产品特征自动检出。

除了从源头上预防外，发现失误对防错来说十分重要，主要有以下几种常见的检测项目及检测装置。

1) 压力：压敏开关、压力仪表等。
2) 温度：温度计、热电偶、温控开关、热敏电阻等。
3) 电流：电流表、断路器、继电器等。
4) 振动：振动传感器。

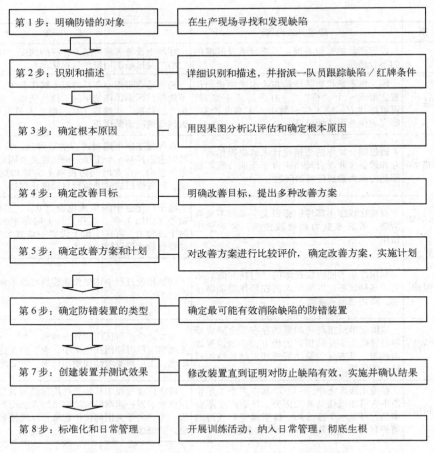

图 9-12 实施防错方法的八大基本步骤

5)循环:计数器、传感器等。
6)时间:延时继电器、延时开关等。
7)信息:蜂鸣器、指示灯、闪光灯。

在产品的制造过程中,设备上的自动化防错装置技术应用见表 9-5。

表 9-5 自动化防错装置及应用

技术类型	应用方法
传感器感应检测	机加工自动线根据不同产品型号的外形变化,传感器将感应到的信息反馈给后面的加工工序,使后面的工序调用对应的加工程序,实施相应的加工内容,如位置传感器、位移传感器等
微型开关和限位开关	检测工件、模具或工具是否就位。这种便宜又稳定的传感器得到了广泛的应用。限位开关可以用来保证工件不在正确的位置时不运作或工件形状错误时使操作停止,特别对于消除夹点和因受到撞击而导致的设备及产品的损伤非常有用
差动变压器	依靠与工件的接触角度来获取磁场的变化,使错误操作停止
接触开关	当光线照射到天线节时被激活,可以检测物体是否存在、尺寸及损伤等
导向挡块、导向(基准、阻塞)棒或销	区分零件的输送导向

(续)

技术类型	应用方法
光电器件	广泛作为光幕靶使用，以确保运行之前机器区域内的整洁，也用于计算动作、落料和工件尺寸
金属通过探测器	用来计算安装的螺钉数，校验一个零件是否从冲压机上移走，确定安全升降机是否关闭
温度计和热电偶	用来测定模具、电动机和固化炉的温度变化
压力计	检测管道内液体淤塞和发动机过压
电流波动	广泛用于点焊，以检查二次电流对焊缝完整性的影响
光栅防错	通过光栅的检测控制，达到工件是否摆放到位的防错
夹具防错	检测装配零件在夹具上的摆放是否到位来防错
颤动功能	通过颤动机的颤动，使零件随着不断的颤动并输送至判别零件的方向正确与否处，只有零件处于正确的位置方向时，才能进入送料轨道；位置方向错误的零件则掉入零件料箱里，从而达到预防零件的进给方向错误，避免工件报废的目的
关键条件测定法	对于关键制造条件，如压力、电流、温度、时间，若测定值不在范围内，工作不能继续
铰链杠杆滚轮式	适用于高速凸轮和棘轮，需要外力推动针推按钮，大冲程
滑道滚轮推式按钮	适合直线外冲程操作，适时探测，精度高，但作业后移动量小，需可靠性高的制动器
互锁顺序	保证在前一个操作顺利完成后，下一个操作才能开始
预警与中断	在危险设备入口处安装感应装置，当设备感应到有手等异物时，停止冲压等操作
产品安装中断	在治具上安装感应装置，当感应到产品未正常安装时，不进行下一步冲压工序，减少不合格品产生
防呆型工件夹紧装置	保证工作的一部分只能被固定在一个位置
限位机械装置	用来保证工具不能超过某一位置或数量

通过以上自动化装置在生产线上的运用，更加有效地完成了防患于未然的自动化操作，即使在没有人的情况下，如果即将产生不合格品，机械设备也能够自动更正或停止作业。

【例 9-5】防错法典型改善案例

表 9-6 所列为钻孔防错改善前后的比较。

表 9-6 钻孔防错改善前后的比较

	改善前	改善后
1. 过程遗漏 主题：预防钻床钻孔数量差错 原因：漏掉加工工序 问题点：钻孔经常产生多钻或漏钻	作业者负责确保钻孔数量的准确，但有时作业者忘记钻孔时确保正确的孔数 NOT　　OK	在钻床上装两个限位开关，一个限位开关装在钻床上，用于计算已钻孔的数量，另一个限位开关装在工作平台上用于感知工件有无，若数量不对或位置不对时，蜂鸣器自动发出警报声

(续)

	改 善 前	改 善 后
2. 加工错误 主题：预防钻孔不合格 原因：加工差错 问题点：在钻孔过程中经常发现，孔没有完全钻穿，钻头即抽出	工作程序要求钻头要完全钻穿工件后再提起。有时钻头未到要求的深度即提起，出现不合格孔。这完全靠操作者的技能和直觉，至于是否能在后续装配中发现不合格孔是无法确保的事情	安装两个限位开关，若开关 S1 在开关 S2 没有断开前先断开，就会出现钻孔不合格，蜂鸣器会叫，提醒作业者

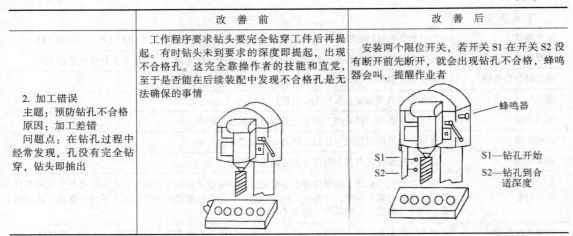

本 章 小 结

"自动化"是给机器赋予人工智能的自动控制，使之能够自律地控制各种异常情况。操作员不必持续不断地查看机器，因此可以同时操作多台机器，实现了通常所说的"多任务操作"，从而大大地提高了生产率。

为了提高生产效率，通过异常管理实现人机分离，以保证产品质量。丰田公司的自动化，即"自动化缺陷控制"，是通过三个主要的技术来实现的，即异常情况的自动化检测、异常情况下的自动化停机和异常情况下的自动化报警。

ANDON 系统是一种可视化管理工具，是通知出现异常和问题的一种工具。大致可以分为四类：请求零部件的传呼 ANDON、通知装配异常的异常 ANDON、显示机器设备运转的运转 ANDON 和确认作业进度的进度 ANDON。ANDON 对于企业快速实现精益很有帮助，可以使得企业能够迅速发现问题，从而建立健康的生产流程。

防错的对象是人和设备。防错的手段要在设计、生产技术、硬件和软件、员工自制等方面予以考虑。通过防错，可以强化操作的程序和顺序。具体防错的方法有：保险防错法、自动化防错法、顺序防错法、警告防错法、隔离防错法、层别防错法、尺寸防错法、重量防错法、止动桥防错法、联合动作防错法、放大字体标识防错法、放置体位防错法、危险地带标志防错法、操作细节防错法等。

设备上的自动化防错装置有传感器感应检测、微型开关和限位开关、差动变压器、导向挡块、光电器件、光栅防错、夹具防错、限位机械装置、防呆型工件夹紧装置等。

技能实训与实践项目

【如何运用防错法】

1. 实训目标

1）培养学生现场观察和收集人为错误资料的能力。

2）培养学生对现场某人为错误进行分析的能力。
3）培养学生提出改进某人为错误方案的能力。

2. 实训内容与要求

1）去实训基地或实践企业生产现场观察某人为错误现状。
2）调查实训基地或实践企业现场某人为错误存在的问题。
3）分析实训基地或实践企业现场某人为错误。
4）根据所学防错法知识提出改进某一人为错误的方案。
5）按现场某一人为错误方案提出实施计划。

3. 成果与检测

1）提交实训基地或实践企业某一人为错误的现状资料。
2）检查学生提出的实训基地或实践企业中某一人为错误的改进方案及其实施计划。
3）教师评估。

思考与练习题

一、单项选择题

1. （ ）丰田公司开发了利用目视管理手段发现工序异常的安灯制度、用于作业人员停止生产线运行的停车按钮以及出现异常情况就自动停车的装置。
   A. 1965 年前后　　B. 1955 年前后　　C. 1945 年前后　　D. 1960 年前后

2. （ ）就是研究生产过程和流程，分析工序中有多少工作是由人完成的，有多少是由机器做的，计算出百分比，绘制出产品程序流程图。
   A. 机械化　　　　B. 自动化　　　　C. 工序分析

3. （ ）就是在规定的作业和动作上发生错误时，检测其异常状况。
   A. 定数式检测　　　　　　　　B. 提醒式检测
   C. 颜色的反射光线检测　　　　D. 标准动作异常检测

4. 在汽车零部件上，需要拧 5 个螺钉，可是有时候会忘记，少拧一个。对于汽车零部件，哪怕少拧一个，都会发生问题，而此时再交换就比较困难。这时去检测一下控制盘，少拧一个的话，压板就不能移动。这个过程属于（ ）。
   A. 定数式检测　　　　　　　　B. 提醒式检测
   C. 颜色的反射光线检测　　　　D. 标准动作异常检测

5. （ ）可以呼叫负责人并寻求其支援。
   A. 绿色指示灯　　B. 黄色指示灯　　C. 红色指示灯　　D. 紫色指示灯

6. （ ）就是以各种光学、电学、力学、机构学、化学等原理来限制某些动作的执行或不执行，以避免错误发生。
   A. 顺序防错法　　　　　　　　B. 自动化防错法
   C. 警告防错法　　　　　　　　D. 放大字体标识防错法

7. （ ）防错法就是设定产品的重量基准，不符合重量基准的为不合格品。
   A. 顺序　　　　B. 尺寸　　　　C. 操作细节　　　　D. 重量

二、填空题

1. 1966年在实施自动化的样板厂——上乡工厂建成了"自动化"（　　）。
2. （　　）就是机器自己感知到异常，并及时自动停止。
3. 安装了（　　），就不需作业人员监视设备运转，实现人机分离和一人多工序操作，从而削减作业人员，降低成本。
4. （　　）就是将一部分作业人员的手工作业转化为机器可以完成的工作，实现人和机器共同的作业，以提高机械化程度。
5. 当出现异常情况时，或当作业人员出现操作失误时，（　　）就会自动强行停机，也可以弥补人在判断上的缺陷。
6. （　　）指示灯代表生产线异常发生，需采取措施。
7. （　　）就是危险地带必须设置地沟标志，其方法为画出警戒线、加装防护栏杆、沟盖等。

三、判断题（正确的打"√"，错误的打"×"）

1. 1976年在各总装线上实施固定位置停止方式。（　　）
2. 自动化就是出现异常需有人停机，否则将连续运行。（　　）
3. 如果工序发生异常或问题，员工必须查明原因并采取措施防止再次发生。（　　）
4. 标准动作异常检测就是通过各种颜色的反射光线，即识别颜色的检测装置检测异常状况。（　　）
5. 人为停止生产线，如装配线上的作业人员可以把自己装配作业所使用的工具挂在头上方的轨道上，如果越过了轨道上标出的作业区域定点，就会接触到轨道上的停机开关，装配线停下来。（　　）
6. 红色指示灯显示设备正常运转。（　　）
7. 质量呼叫就是对ANDON系统的各种事件进行统计分析处理。（　　）
8. ANDON系统能够收集生产线上有关设备、生产以及管理的多方面信息，并以此来控制分布在整个车间的指示灯和声音报警系统。（　　）
9. 疏忽或遗忘就是对工作指令、程序判断成理解有错误。（　　）
10. 可在作业过程中从始至终用薄膜覆盖显示器，以免划伤显示器。（　　）

四、简答题

1. 什么是"自动化"？
2. 如何理解自动化的作用？
3. 自动化的推进步骤和方法有哪些？
4. 试述ANDON系统的主要功能。
5. 防错法的作用有哪些？
6. 举例说明具体防错的方法
7. 请说明生产中自动化防错装置的应用。

第 10 章　拉动式生产与看板管理

学习目标：

- 了解超市与准时化生产。
- 理解推动式生产与拉动式生产。
- 了解看板概念与类型。
- 了解实施拉动看板的步骤。
- 掌握看板的使用方法。

10.1　拉动式生产

10.1.1　超级市场与准时化生产

为了适应多变的市场需求，应付突然发生的生产变化，企业必须对所有工序的生产计划进行修改。这样的修改，不但工作量大、难度大，而且还会造成许多混乱。为此企业不得不在各个工序储备在制品，从而造成生产系统内的不均衡现象、设备能力和劳动力过剩现象；一旦产品形式发生变化或设计变更时，还会造成"死料"。所有这些都会造成浪费，增加成本。

以上这些问题一直困扰着丰田公司的管理人员，直到1956年以后产生了转折，当时大野耐一奉命去美国参观汽车行业，到了美国后他完全迷上了早有耳闻的超级自选商场。当时日本还没有自选商场，他十分惊讶消费者能够按他们的需要选择商品，商场也能在顾客买走了商品后有条不紊地补充销售出去的商品。大野耐一十分羡慕自选商场这种简单、有效、有节奏的供销方式，他在美国期间对自选商场进行了全面的研究，得出超市与普通商场相比具有三个显著特点：

1）顾客在需要的时刻，根据自己的需要，在商场内自由地挑选商品。
2）顾客把挑选出的所有商品运送到付款处，并一次性付款。
3）商场内的服务人员根据货架上出现的商品空缺（表示该种商品已经出售），及时地补充已经出售的商品，而没有出售的商品，就没有必要补充。

这种运作方式方便了顾客选购，减少了售货人员，大大减少了商场的商品库存储备和资金占用，以及与库存有关的费用支出。

丰田公司的管理人员在超市运作方式的启发下，创造性地把这种与工业生产看似毫不相干的商场运作方式应用于工业生产组织与生产过程控制，萌发出了"把生产组织与控制倒过来"的生产方式设想，并把这种方式成功地引进到丰田的生产线上，实现顾客拉动式生产。经过将近20年的执着追求和不断探索，大野耐一等终于创建了丰田准时生产方式。

10.1.2　推动式生产与拉动式生产的比较

丰田准时生产方式就是把顾客订购的产品只通知到最后一道工序，最后一道工序向前一道工序索要自己需要的零件,前一道工序只生产后一道工序需要的零件,实现客户拉动式生产,又被称为拉动式生产,它以均衡化生产为前提,进行单件流水式生产。

拉动式生产是精益生产的核心方法。通过拉动式生产可以实现在需要的时候、按需要的量、生产需要的产品这种精益理念。将传统生产过程中前道工序向后道工序送货,改为后道工序向前道工序取货,使得库存降低到最小限度,进而降低制造成本。拉动式生产方式是指以快速反应市场为核心,适时响应客户实际需求来执行,是一种由下游向上游提出实际生产需求的生产控制方式。拉动式生产是一种与推动式生产相对应的生产方式,虽然在市场预测、订单和制订所有工序生产计划方面有共同点,但在生产计划的制订与传递方式方面有很大的区别,见表10-1。

表10-1 推动式生产与拉动式生产的比较

项 目	推动式生产	拉动式生产
观念	• 先生产,准备以后用 • 提前超额完成任务	• 以销定产 • 接到生产指示板后生产
市场应变	• 能力弱	• 能力强
产量	• 产量预测	• 精确的产量
生产	• 大批量	• 小批量
计划	• 计划下达所有工序 • 计划调整较困难	• 计划下达最后工序(后工序向前工序发出指令) • 计划调整较容易
制造周期	• 比较长	• 短
物料	• 估计使用量	• 实际消耗量
在制品存货	• 大量存货	• 少量存货
资源	• 浪费	• 减少浪费
出现异常的影响	• 可能只本工序 —有缓冲库存 —改善压力小	• 几乎影响所有工序 —无缓冲库存 —改善压力大
管理	• 应急管理	• 目视管理
沟通	• 沟通不畅	• 沟通畅达

在推动式生产中,前道工序将零件加工出来并"推给"后道工序。在拉动式生产中,最后一道工序根据需要加工的产品数量,要求前一工序生产出相同数量的零部件。具体特点如下:

1)生产计划只下达给最后一道组装工序,以组装为起点,前工序按照后工序要求数量生产并领取必要的物料。

2)前工序进行生产加工为后工序提供该物料,前工序生产加工时向更前一道工序去领取所需的零部件进行生产。这样一层一层向前工序领取,直至原材料部门,这样就可以把各个工序都连接起来,实现拉动式生产。

3)除了最后一道工序(组装工序)按生产计划进行生产,前面的其余各工序按后工序的看板指令进行生产。

看板管理是拉动式生产赖以实现的最重要手段之一,是一种生产控制与调节方式,实现在必要的时刻生产必要数量的必要产品或零件的信息工具。

本章将对看板管理的原理、使用规则、看板的种类、数量与作用等进行详细说明。

10.2 看板管理

10.2.1 看板的概念与类型

1. 看板的概念

看板一词起源于日语,是传递信号控制生产的工具,它可以是某种"板",如卡片、揭示牌、电子显示屏等,也可以是能表示某种信息的任何其他形式,如彩色乒乓球、容器位置、方格标识、信号灯等。

看板管理是协调管理全公司的一个生产信息系统,就是利用看板在各工序、各车间、各工厂以及与协作厂之间传送作业命令,使各工序都按照看板所传递的信息执行,以此保证在必需时间制造必需数量的必需产品,最终达到准时化生产的目的。看板管理是精益生产中的重要子系统。

2. 看板的类型

看板按用途可以划分为生产指示看板、领取看板、特殊用途看板,其中,生产指示看板可分为工序内看板和三角看板,领取看板可分为工序间领取看板、材料领取看板和外协领取看板;按形式可以划分为一般形式看板和特殊形式看板。一般形式看板为卡片;特殊形式看板为彩色乒乓球、容器、方格标识、信号灯等只要能表示生产和搬运信息的任何形式。特殊用途看板和特殊形式看板统称为特殊看板。看板的具体分类见表10-2。

表10-2 看板的类型

分类方法	大类	子类	方法说明
按用途	生产指示看板	工序内看板	显示前工序必须生产或订购的零部件种类和数量等信息
		信号看板(三角看板)	信号看板(三角看板)是在批量生产工序内(如冲压工序和锻造工序)使用的看板。一批次的零件往往要分装在几个箱内,信号看板附在该批零件的某一箱上,当后道工序领取物料进行到信号看板所在的位置前工序,必须开始必要的作业
	领取看板	工序间领取看板	标示着后工序应该向前工序领取的零部件种类和数量等信息
		材料领取看板	明确批量生产所需材料
		外协领取看板	注明外部应交产品数量、时间
	特殊用途看板	特快看板	在零部件不足时发出的看板。虽然它的作用与生产看板的作用相同,但特快看板仅限于在异常情况出现时才发出,而且使用之后一定要立刻收回
		紧急看板	应付不合格品、设备故障、额外增产、周末增产等而需要一些库存时,暂时发出看板。有领取看板或生产指示看板的形式使用,但使用后一定要立即收回
		共用看板	如果两个工序乃至两个以上的工序紧密连接着,以至于可视为一个工序,则这些相连接的工序之间就使用一个共用看板
		台车作为看板	为了作业的方便,像发动机或变速器等体积较大的零部件都用装载数量一定的台车装运。在这种情况下,台车本身就扮演着看板的角色
		供应商看板	公司与零部件协作工厂之间用的一种看板,其作用是及时向其零部件协作工厂发出生产或供货指令信息

(续)

分类方法	大类	子类	方法说明
按形式	一般形式看板	卡片	纸质卡片装入一个透明的塑料袋中,一般都标有工厂名称、零部件名称、零部件编码代号、零部件数量、容器种类、工序名称、存放处等信息
	特殊形式看板	容器	使用空容器作为周转箱,每个周转箱中放置一定数量的产品或中间品在里面。使用时将装有中间品的箱子拿走,并补放于相应的空箱
		方格标识	格子中间。一旦格子中的产品被取走,则进行生产补足空格
		信号灯	当信号灯发亮后,前工序迅速将产品送到后工序,并重新生产新的产品
		乒乓球	彩色的乒乓球上标明提供生产的品种数量,使用时只需要将彩色乒乓球放到前道工序,前道工序就可以知道所需的产品

【例10-1】看板种类与应用案例

看板的种类与应用案例如图10-1所示。

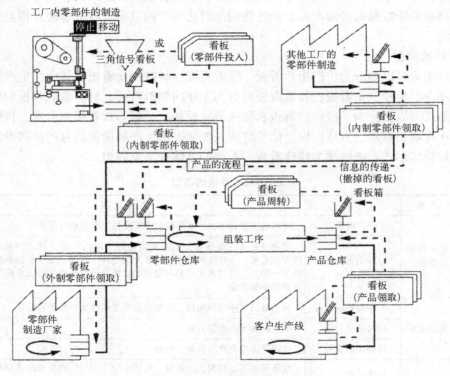

图10-1 看板种类与应用案例

3. 看板的功能

看板是实现准时化生产的工具。看板起到了传递工厂上下道工序及各零件供应厂家与顾客之间信息的作用。看板方式可以根据顾客订购的信息,承担自动调节生产计划、订购零配件、调节零配件到达时间等复杂工作。看板从生产开始并推广到供应商处,在现场发挥着重要的作用,对整个增值工序实现了很好的控制,而且作业员通过拉动看板获得了充足的授权来控制生产线。管理者、物料员、计划员有时间来解决异常问题和进行持续改善,从而促进生产并提高效益。其主要的功能见表10-3。

表 10-3 看板的功能

看板的功能	具 体 内 容
生产及运送工作指令	看板记载着生产和运送的数量、时间、目的地、放置场所、搬运工具等信息，从装配工序逐次向前工序追溯。在装配线将所使用的零部件上所带的看板取下，以此再去前一道工序领取。前工序只生产被这些看板所领走的量，从而由看板实现"后工序领取"及"适时适量生产"
防止过量生产和过量运送	各工序如果没有看板，就既不能生产，也不进行运送。因此运用看板能够做到自动防止过量生产、过量运送
目视管理的工具	零件或产品的货架上若附有看板，则可以知道后工序的作业进展情况、本工序的生产能力利用情况；明确地判断库存量、产品编号、产品名称，也易于搬运
现场改善的工具	在拉动式生产方式中，通过不断减少数量来减少了制品库存，不断通过改善活动解决了生产线生产、质量和设备等问题，从而提高了整个生产线效能

10.2.2 看板的使用方法

1. 运用看板的前提条件

看板拉动式生产导入必须具备一定的条件，没有以下这些前提条件，直接导入并推行，将注定会失败。运用看板的前提条件见表 10-4。

表 10-4 运用看板的前提条件

生产的均衡化	企业需根据生产计划彻底实现产品种类和生产量的平均化
缩短更换作业程序的时间	根据准时化生产原则进行"一个流"生产或者小批量生产，以减少更换作业程序的次数和更换作业程序的时间
后道工序领取方式	前道工序在需要的时刻按照后道工序需要的数量生产其所需要的零件或产品
不合格产品接近零（不让不合格产品流入下道工序）	在生产过程中，以"产品质量是在工序中创造"的思想为原则，减少产生不合格产品，避免由此造成大量的半成品和生产线停止而引发多种浪费
机械设备故障无限接近零	进行设备维护保养，减少异常停止和机器设备故障，实现准时化生产
全面实施整理、整顿	看板方式的起点就是整理、整顿。通过整理、整顿，达到有效利用空间，做到在必要的时候使用必要的东西
全面推行员工的意识教育	全面推行教育，培养消除浪费的意识，进行教育训练，直到员工真正领会浪费的含义
坚持现场问题改善活动	实现目视管理，查找现场问题的真正原因，并且彻底解决问题

2. 生产指示看板的使用方法

（1）工序内看板的使用方法　工序内看板为单一工序进行加工时所用的看板，其使用时最重要的一点是看板必须跟随实物，即与产品一起移动。后工序来领取中间品时摘下挂在产品上的工序内看板，然后挂上领取用的工序间看板。该工序按照看板被摘下的顺序及这些看板所表示的数量进行生产，如果摘下的看板数量变为零，则停止生产，这样既不会延误也不会产生过量的存储。

如果两个工序乃至两个以上的工序紧密连接着，以至于可视为一个工序，则这些相连接的工序之间就没有必要使用工序间看板。在这种情况下，这些工序间可以使用一张共同的看板。这种看板被称为"工序内看板"。表 10-5 所列为工序内看板的范例。

表 10-5 工序内看板范例

工序内看板			
工 程 名		SB-8	
产品名称	曲 轴	产品代号	731113
收容数	10	看板发行张数	3
看板编号	A5-2	安全库存	50
车型	SX50BC-150	放置处号码	F18-8

（2）信号看板（三角看板）的使用方法 信号看板挂在成批制作出的产品上面。如果该批产品的数量减少到基准数时就摘下看板，送回到生产工序，然后生产工序按照该看板的指示开始生产。没有摘牌则说明数量足够，不需要再生产。信号看板有两种类型：三角看板和材料领取看板，如图 10-2 所示。

三角看板一般挂在一个批量（若干箱）的某个物料箱子上，如图 10-2c 所示。如果领取到挂着这张看板的物料箱时，生产指示就必须下达，其功能相当于工序内看板。图 10-2b 所示为冲压工序的三角看板，如果零部件箱领取到下数第 2 箱时，就指示生产 300 个门条。

前工序	仓库（存放处）	⇒	压力机 No.6	后工序
编号	FT-6		品名	钢板
材料规格	70cm×30cm×5cm		托盘容量	50
批量规格	300		托盘编号	8

a)

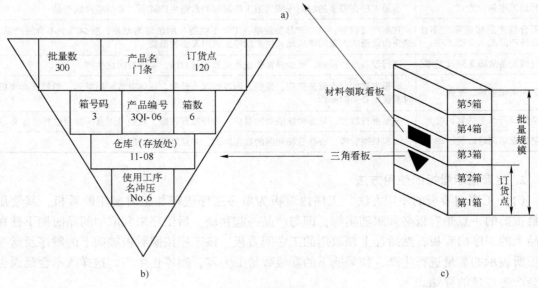

b)　　　　　　　　　　　　　　　c)

图 10-2 信号看板示意图
a) 材料领取看板　b) 三角看板　c) 看板使用方法

材料领取看板也称为材料准备看板、材料看板（见图 10-2a），如果领取到挂着这张看板的地方时，搬运指示就必须下达，其功能相当于工序间领取看板。图 10-2c 所示为看板使用方法，如果领取到第 3 箱的时候，即材料领取看板所挂位置，则冲压工序就必须到物料存放处去领取一个批量（6 箱即 300 张）钢板。

【例 10-2】 冲压工序的信号看板的运行方法

在冲压工厂，有卷材剪切和冲压两条生产线，如图 10-3 所示。在卷材剪切生产线的左侧有卷材存放区域，供原材料卷材存放。在卷材剪切生产线的右面，有剪切后的钢板半成品存放区域。冲压生产线的右侧有完成加工的钣金半成品存放区域。托盘上装着各种各样的冲压零部件，在信号看板的位置挂着三角看板和材料领取看板。

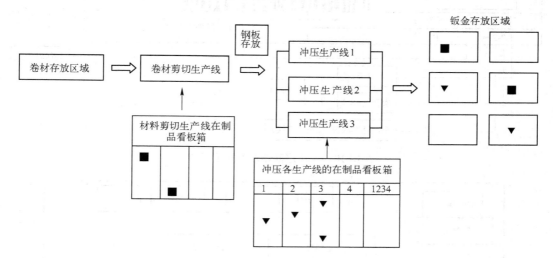

图 10-3　冲压工序信号看板的传递方法
■—材料领取看板箱　▼—三角看板箱

3. 领取看板的使用方法

（1）工序间领取看板的使用方法　工序间领取看板的格式如 10-4 所示。工序间领取看板挂在从前工序领来的零部件的箱子上，当该零部件被使用后，取下看板，放到设置在作业场地的看板回收箱内。看板回收箱中的工序间领取看板所表示的意思是"该零件已被使用，请补充"。现场管理人员定时来回收看板，集中起来后再分送到各个相应的前工序，以便领取需要补充的零部件。

（2）外协领取看板的使用方法　外协领取看板的摘下和回收与工序间领取看板基本相同。在固定的时间由专人将总装配线旁零件空箱子及供货商看板回收，并按各协作厂家分开，等各协作厂家来送货时由它们带回去，成为该厂下次生产的生产指示。在这种情况下，该批产品的进货至少将会延迟一回以上。因此，需要按照延迟的回数发行相应的看板数量，这样就能够做到按照 JIT 进行周转。对外订货，看板上必须记载进货单位的名称和进货时间、每次进货的数量等信息。外协领取看板示意图如图 10-5 所示。

4. 特殊用途看板的使用方法

前面已经介绍了生产指示看板和领取看板。在丰田公司的生产现场，还有几种在特殊情况下使用的看板。

图10-4 工序间领取看板示意图

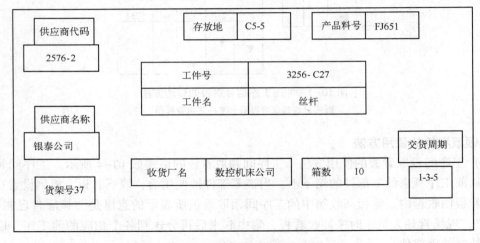

图10-5 外协领取看板示意图

(1) 特快看板的使用方法　在零部件数量不足时使用特快看板。虽然它的作用与生产指示看板和领取看板的作用相同,但特快看板仅限于在异常情况出现时才发出,而且使用之后一定要立刻收回。例如,当后工序的搬运人员去前工序的在制品存放处领取物料时,发现某一零件没有足够的数量,此时他需发出该零件的特快看板,把它放入被称为"红箱子"的特快看板收集箱中;按下设在看板收集箱旁边的对应此零件的工序的警示灯按钮,以此提醒生产零件的作业人员。特快看板的样式如图10-6所示。

(2) 紧急看板的使用方法　紧急看板是为了应付不合格品、设备故障、额外增产、周末增产等而需要一些库存时,暂时发出的。这种看板仍采取领取看板或生产指示看板的形式,使用后必须马上收回。紧急看板的样式如图10-7所示。

自	至	领取看板			
		存放场	5B617	编号	C165
机械加工分厂		产品编号	Q257C05		
		品名	齿轮		
		型式 J×807CD-16	收容数 16	1/20	

图 10-6　特快看板

生产指示看板			工序
存放场			
产品编号			
品种			
型号		发行时间	

图 10-7　紧急看板

（3）共用看板的使用方法　如果两个工序乃至两个以上的工序紧密连接着，以至于可视为一个工序，则这些相连接的工序之间就没有必要交换看板。在这种情况下，这些工序间可以使用一张共用的看板，被称为"共用看板"。

例如，在热处理、电镀、冲洗、喷漆等工序之间，就可以使用这种共用看板。因为这些工序所生产的零件制品可以迅速地传往下道工序，工序之间的衔接十分紧密。

（4）台车作为看板的使用方法　在丰田公司的生产现场，当总装配线的发动机数量减少到订货点时，安装发动机的作业人员会立刻把空的台车推向上游发动机生产线，领取装载着一定数量发动机的台车。这时候，台车的数量相当于看板的数量，一辆台车就代表一定数量的发动机，空台车就是发给工序的作业指令。

10.2.3　实施拉动看板的步骤

为了实现公司持续增长利润，公司管理层必须下决心采取行动进行变革，改变现有生产不能适应市场多品种、小批量要求，要尽快制订和实施拉动看板管理的计划。在此基础上，可以遵循实施看板管理的六大步骤，如图 10-8 所示。

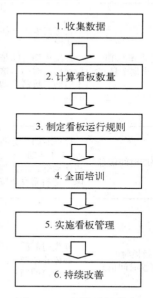

图 10-8　实施看板管理的六大步骤

1. 收集数据

采集现场数据，是实施看板的第一步，必须获取真实的数据。同时，保证计算出来的看板数据真实可靠，并能设计好未来的拉动看板系统，才能既满足客户的需求，又能有效地减少库存数量。

（1）采集数据　需要采集的数据主要包括三大方面，细分为六项信息：产品信息；客户需求信息；合格率信息；生产率/加工周期信息；停产时间信息；换模时间/切换时间信息。

六项信息数据采集的内容与方法见表10-6。

表10-6 六项信息数据采集的内容与方法

六项信息	采集的内容	采集的方法
产品信息	选择的目标流程，调查这个流程都生产哪些产品。直接分析现在正在生产的产品，并根据公司现存产品记录产品	列出下列产品代号和名称清单 产品信息记录表 <table><tr><th>产品代号</th><th>产品名称</th></tr><tr><td>1101</td><td>PQ 30</td></tr><tr><td>1102</td><td>PQ 38</td></tr></table>
客户需求信息	知道了目标流程生产哪些产品，接下来就要收集客户对这些产品的需求信息，主要包括客户允许的生产时间与总需求数量	确定客户每日需求量。例如，某订单要求生产180000个产品，时间从9月5日开始，到9月15日要求交货。这时公司实行三班倒，要求计划具体到每一班（周六、日不休息）。客户每日需求量计算公式为 客户每日需求量=客户总需求/需要班数 客户每日需求量=180000只/（3班/天）×10天 =6000只/班
合格率信息	为了知道目标流程的产能有多大，以满足后工序的需要，需统计系统合格率。系统合格率包括流程的合格率和后工序的合格率	系统合格率的计算公式为 系统合格率=流程合格率×后工序合格率 例如，目标流程的合格率为95%（不合格率是5%），目标流程所服务的后工序的合格率为93%（不合格率是7%），则系统合格率=95%×93%=88.35%
生产率/加工周期信息	目标流程生产能力由客户需求和系统合格率决定 加工周期时间是指目标流程生产一个产品所花费的时间，这个时间分为三段：手工加工时间、机器自动加工时间、人机联合作业时间	目标流程生产能力的计算公式为 目标流程生产能力=客户需求/系统合格率 例如，客户需要6000个产品，流程的合格率为95%，后工序的合格率为93%，则目标流程的生产能力=6000/（95%×93%）=6791。即具有生产6791个产品的能力才能满足客户的需要 加工周期的两种表达法：①用时间表示，如20min/个；②用数量表示，如3个/h
停产时间信息	停产时间分为两种：①计划内的停产时间，如TPM活动、由于产能过大而主动采取的停机活动等；②计划外的停产活动，如机器故障、待料而没能按计划到达造成的停产	客观评估停机时间，需要收集和分析历史数据。例如，可以根据过去三年的停机时间信息加以平均处理，作为停产时间的数据
换模时间/切换时间信息	换模时间就是产品切换时间，即从上一个产品停止生产，到下一个产品的合格品开始产出的时间间隔，也称换线时间	采用以下表格样式记录切换时间 切换记录表 <table><tr><th></th><th>产品Ⅰ</th><th>产品Ⅱ</th><th>产品Ⅲ</th></tr><tr><td>产品Ⅰ</td><td>35 min</td><td></td><td>45 min</td></tr><tr><td>产品Ⅱ</td><td></td><td>70 min</td><td></td></tr><tr><td>产品Ⅲ</td><td>65 min</td><td>38 min</td><td></td></tr></table>

（2）数据汇总 把所需信息收集起来以后，就要进行汇总。即统一将看板小组各成员分工收集数据汇总，并填写记录到表格内，见表10-7。

表 10-7 数据汇总记录表

计划期间：日计划

产品编号	产品名称	每日需求/个	流程合格率	后工序的合格率	系统合格率	生产能力/(个/min)	切换时间/min	备注
PQ1001	30旋开盖	6000			88.35%		70	
PQ1002	58旋开盖	9000			88.35%		50	

切换时间总计 120 min

（3）数据分析　下面用案例来展示流程信息汇总表格的使用，以及对采集的数据进行分析。例如，印刷机生产五个不同型号的旋开盖产品，产品编号分别是 PQ1001~PQ1005。印刷完的产品，被搬运到下道工序，进行制盖作业。该流程每周工作五天，每天三班倒。以下记录了一个生产五个不同型号的旋开盖的流程信息，对信息汇总表的审定分析（改善前）见表 10-8，正确的流程信息汇总表（改善后）见表 10-9。

表 10-8　对信息汇总表的审定分析（改善前）

计划期间：日计划

产品编号	产品名称	每日需求/个	流程合格率	后工序的合格率	系统合格率	生产能力/(个/min)	切换时间/min	备注
1	30旋开盖	8000	95%	93%	88.35%		50	
2	38旋开盖	15000	95%	93%	88.35%		50	
3	58旋开盖	18000	95%	93%	88.35%		50	
4	60旋开盖	6000	95%	93%	88.35%		50	
5	70旋开盖	6000	95%	93%	88.35%		50	

错误数据（6000）　这四项数据相同，有错误

表 10-9　正确的流程信息汇总表（改善后）

计划期间：日计划

产品编号	产品名称	每日需求/个	流程合格率	后工序的合格率	系统合格率	生产能力/(个/min)	切换时间/min	备注
1	30旋开盖	8000	95%	93%	88.35%	18.9	90	
2	38旋开盖	15000	98%	97%	95.06%		45	
3	58旋开盖	18000	99%	96%	95.04%		38	
4	60旋开盖	6000	97%	95%	92.15%		50	
5	70旋开盖	7000	99%	97%	96.03%		55	

2. 计算看板数量

为了满足客户工序的能力需求，就需要足够小的合理生产批量。同时单纯的生产批量无法保证生产的正常进行，一般情况下还必须要有缓冲库存的存在。例如，数控车床生产小轴零件，生产批量为 200 个，当车工序消耗完这 200 个在制品后，如果数控车床又收到生产指示，就需要有缓冲库存。

在实施拉动看板生产方式的时候，看板数量需要计算的两个核心参数，第一个是每次的生产批量，第二个是缓冲库存量，这两个参数最终还要转化为看板数量。

1）生产批量。生产批量就是每生产一次的批量。比如，数控车床生产 A、B 两种产品，A 每次生产 50 件，B 每次生产 80 件。即称 A 的"生产批量"是 50 件，B 的"生产批量"是 80 件。

2）缓冲库存量。为了防止后流程停工待料而建立的库存。

生产批量与缓冲库存这两个参数与最大库存和最小库存间存在如下关系：

$$最小库存量 = 缓冲库存量$$
$$最大库存量 = 缓冲库存量 + 生产批量$$

为了计算生产批量，还需要计算补充周期。这里需理解补充周期的概念，现举例说明。如目标流程冲压 5 种产品，分别是 A、B、C、D、E，整个 5 个产品的生产和切换过程总共用去 85 h，所有的产品都生产了一遍。对于消耗 A 产品的后工序来说，这就意味着每 85 个 h 才有机会补充新的 A 产品，这 85 个小时就是补充周期。

计算看板数量的步骤如图 10-9 所示。

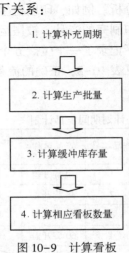

图 10-9　计算看板数量的步骤

（1）计算补充周期

1）计算调整后的生产需求。计算时既要考虑流程合格率，又要考虑后工序合格率，即系统合格率，考虑到系统合格率以后，原有生产需求就变成了调整后的生产需求。调整后的生产需求的计算公式为

$$调整后的生产需求 = 合格品需求量 / 系统合格率 \quad (10\text{-}1)$$

2）计算生产需求时间。要想计算生产需求时间，就需要知道生产每个产品的时间。我们称之为单个零件的生产节拍。生产需求时间的计算公式为

$$生产需求时间 = \sum (调整后生产需求 \times 单个零件的生产节拍) \quad (10\text{-}2)$$

3）计算可用工作时间。每天的时间 24 h，但并不是 24 h 都是工作时间。一般工厂的工作时间是 3 班 24 h，这 24 h 还包括晨会和生产会议时间、6S 时间、设备保养时间、停机时间、停料时间等。把所有这些非生产时间去除后，可用工作生产的计算公式为

$$可用工作时间 = 满勤时间 - 非生产时间 \quad (10\text{-}3)$$

4）计算可用切换时间。现在计算可以用来进行生产切换的时间，这个时间由可用工作时间减去生产需求时间得到，即

$$可用切换时间 = 可用工作时间 - 生产需求时间 \quad (10\text{-}4)$$

5）计算补充周期。补充周期的计算公式为

$$补充周期 = \sum 实际切换时间 / 可用切换时间 \quad (10\text{-}5)$$

（2）计算生产批量　在补充周期内，每种产品只生产一次，因此，就要保证在补充周

期内，每次生产某产品时，一批生产一定的数量，这个数量就是生产批量。生产批量的计算公式为

$$生产批量=补充周期\times消耗速度 \quad (10\text{-}6)$$

（3）计算缓冲库存量　所谓的计算看板数量，就是指计算需要的缓冲库存的数量。计算缓冲库存时常常考虑如下三个因素：成品周转库存量、在制品周转库存量和原材料周转库存量，以保有刚好满足交货的库存。

1）成品周转库存，即顾客要求的每次交货数量。确保在制品周转库存和原材料周转库存，有助于保证周转库存量，最终满足顾客的需求。

2）在制品周转库存量，即生产缓冲时间内的在制品数量。生产缓冲时间是指为了保持恰当的库存量的生产工作所花费的时间，包括换模时间、最小运输批量加工时间、运输时间和安全时间，其计算公式为

$$生产缓冲时间=安全时间+换模时间+最小运输批量加工时间+运输时间 \quad (10\text{-}7)$$
$$在制品周转缓冲库存量=生产缓冲时间\times消耗速度 \quad (10\text{-}8)$$

3）原材料周转缓冲库存，即原料供应提前期内的原材料数量。设置原材料周转缓冲库存时，需要考虑供应商的可靠性、质量合格率和运输时间。

（4）计算相应看板数量　在看板拉动生产方式下，以一包装容量对应着一张看板。生产开始点看板数量、最大库存看板数量的计算公式为

$$生产开始点看板数量=生产批量/一张看板代表数量 \quad (10\text{-}9)$$
$$最大库存看板数量=(生产批量+缓冲库存量)/一张看板代表数量 \quad (10\text{-}10)$$

用看板作为计划下达到最后车间或工序，其他车间或工序按照下游车间或后工序的指令来确定生产。

【例10-3】看板数量的计算

下面以一个完整案例来说明看板数量的计算步骤。

1. 第一步：收集数据

表10-10所列为收集的数据。

表10-10　收集数据表

计划期间：日计划

产品编号	产品名称	每日需求/个	流程合格率	后工序的合格率	系统合格率	生产能力/s	实际切换时间/min	最小运输批量
DG 801	A产品	1000			92%	7	50	300
DG 802	B产品	1100			86%	11	60	300

切换总时间：110 min

说明如下：

1）每日需求：指客户对于产品的需求。本例中，DG 801的每日需求是1000个。

2）系统合格率：体现在最终客户的合格率。本例中，DG 801的系统合格率为92%，意味着每生产1000个DG 801，送到顾客那里只有920个是合格可用的。

3）生产能力：注塑机每注塑一个产品所需要的时间。本例中，生产DG 801的能力是7 s。

4）切换时间：由一种产品切换生产另一种产品花费的停机时间。本例中，切换生产

DG 801 所需的时间是 50 min。

2. 第二步：计算可用切换时间

可用切换时间计算表见表 10-11。

表 10-11 可用切换时间计算表

计划期间：日计划

生产线 3		每日需求/个	系统合格率	调整后日需求/个	生产能力/s	生产时间/min	满勤时间/min	非生产时间/min	可用工作时间/min	可用切换时间/min
产品编号	产品名称	A	B	C=A/B	D	E=CD/60	F	G	H=F-G	I=H-∑E
DG801	A 产品	1000	92%	1087	7	127	480	50	430	69
DG 802	B 产品	1100	86%	1279	11	234				

说明如下：

1) 调整后日需求量：这一项是对"每日需求"的调整，在这里考虑了产品合格率。

2) 生产时间：这一项指的是，为了满足"调整后日需求"，需要的生产时间。

3) 可用工作时间：考虑停机因素后，可以用来进行生产的时间。在这个时间内，可以全力生产，也可以换模，甚至可以闲置。

4) 可用切换时间：可用工作时间减去生产必需的时间后，剩余可用来进行换模的时间。

3. 第三步：计算生产批量

生产批量计算表见表 10-12。

表 10-12 生产批量计算表

计划期间：日计划

生产线 3		每日需求/个	系统合格率	调整后日需求/个	生产能力/s	生产时间/min	满勤时间/min	非生产时间/min	可用工作时间/min	可用切换时间/min	实际切换时间/min	补充周期/h	消耗速度/(个/h)	生产批量/个
产品编号	产品名称	A	B	C=A/B	D	E=CD/60	F	G	H=F-G	I=H-∑E	J	K=(∑J/I)×8	L	M=KL
DG801	A 产品	1000	92%	1087	7	127	480	50	430	69	50	12.8	136	1739
DG 802	B 产品	1100	86%	1279	11	234					60		160	2046

说明如下：

1) 可用切换时间：在这一项里，记录上一步计算得出的结果 68 min。

2) 实际切换时间：记录调查得出的各产品切换时间，并合计，得出每种产品切换一次所需要的时间。本例中，实际切换时间合计是 110 min。

3) 补充周期：这一项计算得出 A、B 循环生产一次所需要的时间。按式（10-5）计算，在本例中补充周期为 12.8 h。

4) 生产批量：即 A、B 产品只生产一次，生产出客户流程消耗的数量。按式（10-6）计算。

A 产品生产批量为 1739 个，即每过 1739×7 s = 202 min 后，进行换线。

B 产品生产批量为 2046 个，即每过 2046×11 s = 375 min 后，进行换线。

如图 10-10 所示，得到理想的生产计划。

图 10-10 理想生产计划

4. 第四步：计算在制品缓冲库存量

在制品缓冲库存量计算表见表 10-13。

表 10-13 在制品缓冲库存量计算表

计划期间：日计划

生产线3		生产能力/s	最小运输批量	缓冲时间/min					消耗速度/(个/min)	缓冲库存量
				最小运输批量加工时间/min	实际切换时间/min	运输时间/min	安全时间/min	总共		
产品编号	产品名称	A	B	$C=AB/60$	D	E	F	$G=C+D+E+F$	H	$I=G \times H$
DG 801	A 产品	7	360	42	50	15	25	132	2.27	300
DG 802	B 产品	11	300	55	60	15	25	155	2.67	414

说明如下：

1）最小运输批量加工时间：转移的批量与生产批量不一定一致。本例中，DG 801 的运输批量为 360 个，而生产这 360 个的时间为 42 min。

2）缓冲时间：缓冲库存的时间表达法。按式（10-7）计算，本例中 DG 801 的缓冲时间为 132 min。

3）缓冲库存量：库存的数量表达法。按式（10-8）计算，在本例中 DG 801 的缓冲库存量是 300 个，DG 802 的缓冲库存是 414 个。

5. 第五步：计算看板数量

看板计算表见表 10-14。

表 10-14 看板计算表

计划期间：日计划

生产线3		生产批量	缓冲库存	托盘容量	触发点看板	生产开始点看板	最大库存看板
产品编号	产品名称	A	B	C	$D=B/C$	$E=A/C$	$F=(A+B)/C$
DG 801	A 产品	1739	300	300	1	6	7
DG 802	B 产品	2046	414	300	2	7	9

说明如下：

1）托盘容量：用托盘或者其他容器存放在制品库存。本例中，DG 801 产品的托盘容量为 300 个。

2）生产开始点：由式（10-9）计算得到，对于 DG 801 产品，当客户流程消耗完 6 个托盘的在制品后，供应流程开始生产。由此可知，生产开始点看板数等于生产批量看板数。DG 801 产品的生产开始点看板数为 6 张，DG 802 产品的生产开始点看板数为 7 张。

最大库存数量以看板的形式表达。按式（10-10）计算，在本例中，DG 801 产品，最大库存看板数为 7 张；DG 802 产品，最大库存看板数为 9 张。

本 章 小 结

在推动式生产中，前工序将零件生产出来"推给"后工序进行加工。在拉动式生产中，是最后一道工序根据需要加工多少产品，要求前道工序生产加工正好需要的零部件。

看板管理是拉动式生产赖以实现的最重要手段之一，是一种生产控制与调节方式，实现"在必要的时刻生产必要数量的必要产品或零件"的信息工具。

看板按用途可以划分为生产指示看板、领取看板、特殊用途看板，其中，生产指示看板可分为工序内看板和三角看板，领取看板可分为工序间领取看板、材料领取看板和外协领取看板；按形式可以划分为一般形式看板和特殊形式看板。一般形式看板为卡片；特殊形式看板为彩色乒乓球、容器、方格标识、信号灯等能表示生产和搬运信息的任何形式。特殊用途看板和特殊形式看板统称为特殊看板。

为了适应市场多品种、小批量的要求，要尽快制订和实施拉动看板管理的计划。实施拉动看板管理的六大步骤：①收集数据；②计算看板数量；③制定看板运行规则；④全面培训；⑤实施看板管理；⑥持续改善。

在实施拉动看板生产方式时，看板数量需要计算。计算看板数量的步骤为计算补充周期；计算生产批量；计算缓冲库存量；计算看板数量。

思考与练习题

一、单项选择题

1. 拉动式生产更适应于（　　）。
   A. 大批量　　　B. 小批量　　　C. 中批量　　　D. 单件加工
2. 显示着前工序必须生产或订购的零部件种类和数量等信息的是（　　）。
   A. 外协领取看板　　　　　　　B. 工序内看板
   C. 工序间看板　　　　　　　　D. 信号看板（三角看板）
3. 应付不合格品、设备故障、额外增产、周末增产等而需要一些库存时，暂时发出看板，为（　　）浪费。
   A. 特快看板　　　B. 工序内看板　　　C. 工序间看板　　　D. 紧急看板
4. 公司与零部件协作工厂之间用的一种看板是（　　）。
   A. 特快看板　　　B. 台车作为看板　　　C. 供应商看板　　　D. 紧急看板
5. 使用（　　）作为周转箱，每个周转箱中放置一定数量的产品或中间品在里面。
   A. 卡片　　　B. 方格标识　　　C. 信号灯　　　D. 空容器

6. （　　　）= 补充周期×消耗速度。
   A. 在制品周转缓冲库存量　　　B. 生产批量
   C. 最大库存量　　　　　　　　D. 可用工作时间

二、填空题

1. （　　　）是拉动式生产赖以实现的最重要手段之一，是一种生产控制与调节方式。
2. 拉动式生产是（　　　）的核心方法。通过拉动式生产可以实现在需要的时候、按需要的量、生产需要的产品这种（　　　）。
3. （　　　）标示着后工序应该向前工序领取的零部件种类和数量等信息。
4. 当（　　　）发亮后，前工序迅速将产品送到后工序，并重新生产新的产品。
5. 调整后生产需求=（　　　）/系统合格率。
6. 直接分析现在正在生产的产品，并根据公司现存产品记录产品，就能得到（　　　）。
7. （　　　）是指目标流程生产一个产品所花费的时间。

三、判断题（正确的打"√"，错误的打"×"）

1. 拉动式生产观念是先生产、准备以后用，提前超额完成任务。　　　　（　　）
2. 特快看板是在批量生产工序内（如冲压工序和锻造工序）使用的看板。（　　）
3. 各工序如果没有看板，就既不能生产，也不进行运送，因此运用看板能够做到自动防止过量生产、过量运送。　　　　　　　　　　　　　　　　　　（　　）
4. 生产开始点看板数量=∑（调整后生产需求×单个零件的生产节拍）。（　　）
5. 停产时间分为计划内的停产时间和计划外的停产活动。　　　　　　（　　）
6. 生产批量=生产缓冲时间×消耗速度。　　　　　　　　　　　　　（　　）
7. 缓冲库存的作用在于当供应流程组织生产时，消耗流程有料而正常生产。（　　）
8. 临时看板是为了应付不合格品、设备故障、额外增产、周末增产等而需要一些库存时，暂时发出。　　　　　　　　　　　　　　　　　　　　　　　　（　　）

四、简答题

1. 超级市场与普通商场相比，三个显著的特点是什么？
2. 试比较推动式生产与拉动式生产。
3. 看板种类有哪些？如何应用？
4. 简述看板的使用方法。
5. 如何理解实施看板管理的六大步骤？
6. 简述看板数量计算的步骤。

参考文献

[1] 韩展初. 现场管理实务 [M]. 厦门：厦门大学出版社，2002.
[2] 肖智军，商勇，党新民. 现场管理实务：上册 [M]. 广州：广东经济出版社，2002.
[3] 肖智军，商勇，党新民. 现场管理实务：下册 [M]. 广州：广东经济出版社，2002.
[4] 何文康，许小麦. 6S督导师实用手册 [M]. 深圳：海天出版社，2007.
[5] 潘林岭. 新现场管理实战：上册 [M]. 广州：广东经济出版社，2008.
[6] 潘林岭. 新现场管理实战：下册 [M]. 广州：广东经济出版社，2008.
[7] 宋文强. 现场精细化管理 [M]. 北京：化学工业出版社，2011.
[8] 张平亮. 现代生产现场管理 [M]. 北京：机械工业出版社，2017.
[9] 竹内俊夫. 实践丰田生产模式 [M]. 健峰企管，译. 宁波：宁波出版社，2011.
[10] 刘胜军. 精益"一个流"单元生产 [M]. 深圳：海天出版社，2009.
[11] 中山清孝. 丰田方式真传：丰田自己说 [M]. 周讯，译. 北京：东方出版社，2008.
[12] 林海，杨靖. 推行精益化生产的68个关键细节 [M]. 北京：中国电力出版社，2011.
[13] 杨建宏，殷卫民，黄华. 精益生产实战应用 [M]. 北京：经济管理出版社，2010.
[14] 佃律志. 图解丰田生产方式：图例解说生产实务 [M]. 腾永红，译. 北京：东方出版社，2006.
[15] 杰弗瑞·莱克，大卫·梅尔. 丰田人才精益模式 [M]. 钱峰，译. 北京：机械工业出版社，2016.
[16] 杰弗瑞·莱克，迈克尔·豪瑟斯. 丰田文化：复制丰田DNA的核心关键 [M]. 王世权，韦福雷，胡彩梅，译. 北京：机械工业出版社，2016.
[17] 刘树华，鲁建厦，王家尧. 精益生产 [M]. 北京：机械工业出版社，2011.
[18] SCHONBERGER R J. World Class Manufacturing: The Next Decade [M]. New York: Free Press, 1996.
[19] 林世平. IE运作与管理 [M]. 广州：广东经济出版社，2010.
[20] 杨申仲. 精益生产实践 [M]. 北京：机械工业出版社，2011.
[21] 魏大鹏. 准时化生产体系实践 [M]. 北京：机械工业出版社，2012.
[22] 赵克强. 精益实践在中国 [M]. 北京：机械工业出版社，2012.
[23] Ahmada S, Schroeder R G, Sinha K K. The Role of Infrastructure Practices in the Effectiveness of JIT Practices Implications for Plant Competitiveness [J]. J Eng Technol Manage, 2003 (20): 161-191.
[24] KAKURO A. "New JIT": A New Management Technology Principle at Toyota [J]. International Journal of Production Economics, 2002, 80 (2): 135-144.
[25] Hirotaka Takeuchi, Emi Osono, Norihiko Shimizu. The Contradictions that Drives Toyotap's Success [J]. Harvard Business Review, 2008, 6 (96): 217-225.
[26] RACHNA, SHAH, PETWE T W. Defining and Developing Measures of Lean Production [J]. Journal of Operations Management, 2007, 25: 785-805.